高校入試 10日でできる 漢字

特長と使い方

◆1日4ページずつ取り組み，10日間で高校入試直前に弱点が克服でき，実戦力を強化できます。

第1～7日 得点源にすべく，漢字の読み書きに取り組みましょう。

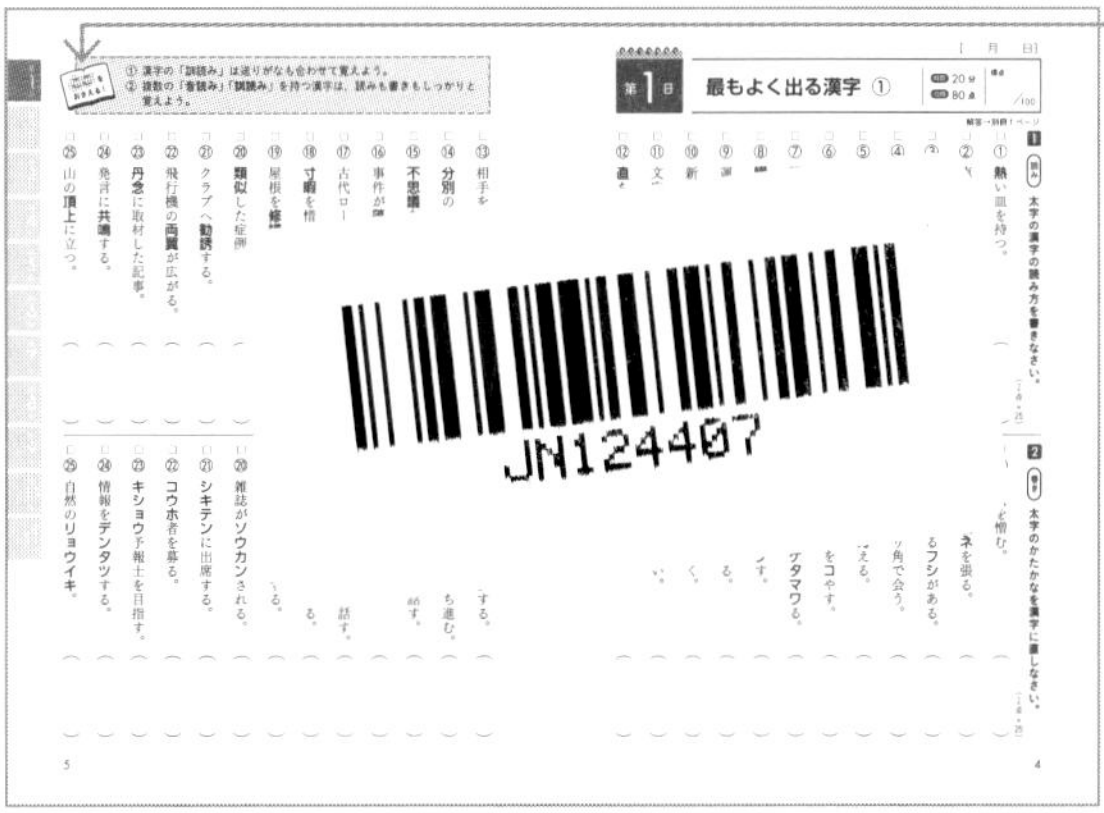

ここをおさえる！
学習するうえでのねらいについてまとめています。

第8～10日 漢字に関する問題に取り組み，実戦力を養いましょう。

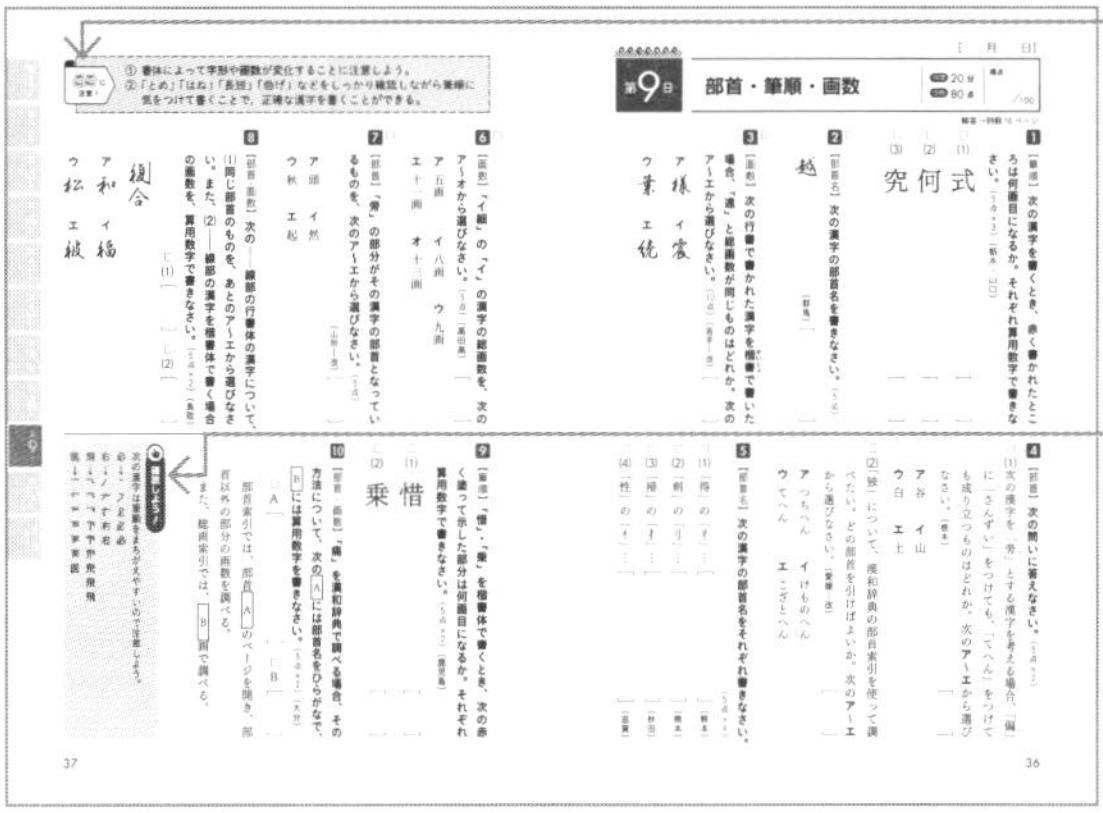

ここに注意！
学習するにあたり，注意すべき点をまとめています。

確認しよう！
問題に関連したプラスαの内容を確認します。

◆巻末には「総仕上げテスト」として，総合的な問題を取り上げたテストを2回分設けています。10日間で身につけた力を試しましょう。

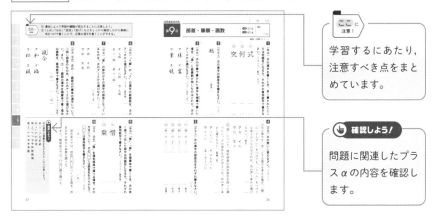

目次と学習記録表

◆学習日と得点を記録して，自分自身の弱点を見極めましょう。
◆１回だけでなく，復習のために２回取り組むことでより理解が深まります。

本書に関する最新情報は，小社ホームページにある**本書の「サポート情報」**をご覧ください。(開設していない場合もございます。)

なお，この本の内容についての責任は小社にあり，内容に関するご質問は直接小社におよせください。

出題傾向

◆「国語」の出題割合と傾向

＜「国語」の出題割合＞

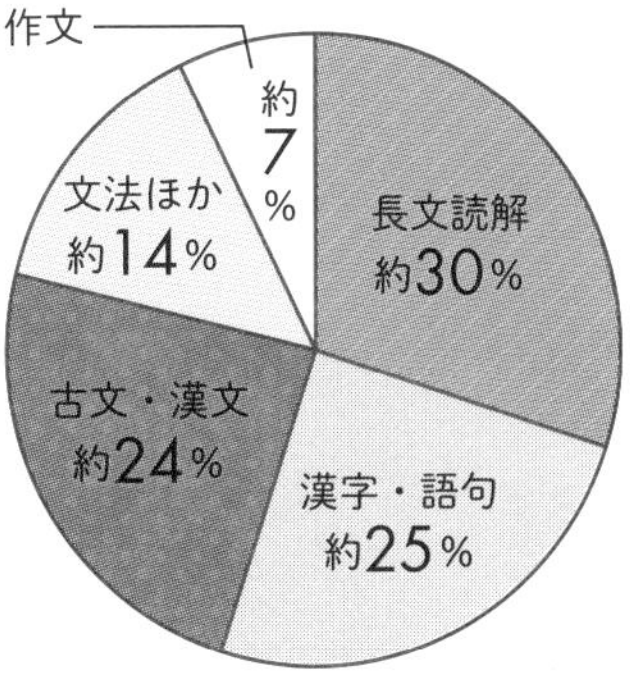

＜「国語」の出題傾向＞

- 出題される文章は，論説文・小説が中心。随筆からの出題は減少。
- 長文読解は，読解内容を問うものに図表の読み取りを加えた複合問題が増加。
- 古文・漢文は，現代語訳や解説文との融合問題が主流。
- 文法は，品詞の識別や意味・用法が主に出題される。
- 作文は条件作文が中心で，課題作文や短文作成は減少。

◆「漢字」の出題傾向

- 漢字の読み書きの問題では，中学生で学習する常用漢字が出題の中心。
- 熟語の構成，同意語や反意語，四字熟語，慣用句や故事成語など，漢字に関するさまざまな問題が出題される。

合格への対策

◆長文読解

試験を意識して，文章を速く読むようにしましょう。また，論説文における要旨の把握や小説における心情把握も十分に練習しましょう。

◆漢　字

漢字の読み書きは頻出のため，ふだんから漢字を使う習慣をつけましょう。

◆古文・漢文

動作主や主語・述語の関係について，しっかりおさえながら文章を読めるように練習しましょう。

◆文　法

品詞の識別やそれぞれの品詞の意味・用法はよく問われるため，品詞分類表や活用表をしっかり暗記しましょう。

◆作　文

日頃から社会問題に目を向けて周辺の知識を増やしておくとともに，条件に合わせて時間内に文章をまとめる練習をしましょう。

[　月　日]

第1日 最もよく出る漢字 ①

時間 20分
合格 80点
得点 ／100

解答→別冊1ページ

1 読み 太字の漢字の読み方を書きなさい。（2点×25）

□ ① **熱**い皿を持つ。（　）
□ ② 車のスピードを**緩**める。（　）
□ ③ **勇**ましい声を上げる。（　）
□ ④ さらなる記録に**挑**む。（　）
□ ⑤ 手に汗を**握**る。（　）
□ ⑥ 悪事を**企**てる。（　）
□ ⑦ 誤解も**甚**だしい。（　）
□ ⑧ **謹**んでお受けします。（　）
□ ⑨ 運動してのどが**渇**く。（　）
□ ⑩ 新製品を**試**す。（　）
□ ⑪ 文字を**縁**取る。（　）
□ ⑫ **直**ちに出動する。（　）

2 書き 太字のかたかなを漢字に直しなさい。（2点×25）

□ ① **ツミ**を憎む。（　）
□ ② 堂々と**ムネ**を張る。（　）
□ ③ 思い当たる**フシ**がある。（　）
□ ④ 犬と**マ**がり角で会う。（　）
□ ⑤ 港町が**サカ**える。（　）
□ ⑥ 美術館で目を**コ**やす。（　）
□ ⑦ ご意見を**ウケタマワ**る。（　）
□ ⑧ 果物が**ジュク**す。（　）
□ ⑨ **カブ**価が上がる。（　）
□ ⑩ 法により**サバ**く。（　）
□ ⑪ 足取りが**カル**い。（　）
□ ⑫ 矢で的を**イ**る。（　）

ここをおさえる!

① 漢字の「訓読み」は送りがなも合わせて覚えよう。
② 複数の「**音読み**」「**訓読み**」を持つ漢字は，読みも書きもしっかりと覚えよう。

□ ⑬ 相手を**信頼**する。（　　）
□ ⑭ **分別**のある行動。（　　）
□ ⑮ **不思議**な出来事。（　　）
□ ⑯ 事件が**落着**する。（　　）
□ ⑰ 古代ローマの**模様**。（　　）
□ ⑱ **寸暇**を惜しんで働く。（　　）
□ ⑲ 屋根を**修繕**する。（　　）
□ ⑳ **類似**した症例。（　　）
□ ㉑ クラブへ**勧誘**する。（　　）
□ ㉒ 飛行機の**両翼**が広がる。（　　）
□ ㉓ **丹念**に取材した記事。（　　）
□ ㉔ 発言に**共鳴**する。（　　）
□ ㉕ 山の**頂上**に立つ。（　　）

□ ⑬ 女王が国を**トウチ**する。（　　）
□ ⑭ **ハチク**の勢いで勝ち進む。（　　）
□ ⑮ **スジミチ**を立てて話す。（　　）
□ ⑯ **シンゼン**を深める。（　　）
□ ⑰ やさしい**クチョウ**で話す。（　　）
□ ⑱ **トウロン**会に参加する。（　　）
□ ⑲ 大きく**コキュウ**する。（　　）
□ ⑳ 雑誌が**ソウカン**される。（　　）
□ ㉑ **シキテン**に出席する。（　　）
□ ㉒ **コウホ**者を募る。（　　）
□ ㉓ **キショウ**予報士を目指す。（　　）
□ ㉔ 情報を**デンタツ**する。（　　）
□ ㉕ 自然の**リョウイキ**。（　　）

[　月　日]

第1日 最もよく出る漢字 ②

時間 20分 合格 80点 得点 /100

解答→別冊1ページ

1 読み 太字の漢字の読み方を書きなさい。（2点×25）

□ ① **違**う道を通る。（　）
□ ② 平和を**訴**える。（　）
□ ③ 崖から顔を**背**ける。（　）
□ ④ 街並みを**眺**める。（　）
□ ⑤ **鮮**やかな写真。（　）
□ ⑥ **全**てを知る人物。（　）
□ ⑦ 新技術を**用**いる。（　）
□ ⑧ 豊かな心を**育**む。（　）
□ ⑨ 会長に全権を**委**ねる。（　）
□ ⑩ 髪の毛を**結**わえる。（　）
□ ⑪ **笑**みを浮かべる。（　）
□ ⑫ チームを**率**いる。（　）

2 書き 太字のかたかなを漢字に直しなさい。（2点×25）

□ ① 古びた**ヤカタ**に住む。（　）
□ ② **ホカ**の本を読む。（　）
□ ③ お茶を**サ**まして飲む。（　）
□ ④ 夕焼け色に**ソ**まる街。（　）
□ ⑤ 大役を**ツト**める。（　）
□ ⑥ あの少年は**ワタシ**の弟だ。（　）
□ ⑦ 誕生日を**イワ**う。（　）
□ ⑧ 自画像を**エガ**く。（　）
□ ⑨ **ワク**にとらわれない考え。（　）
□ ⑩ 包丁を丁寧に**ト**ぐ。（　）
□ ⑪ 先生の指示に**シタガ**う。（　）
□ ⑫ 教師を**ココロザ**す。（　）

ここに注意！

▶部首やつくりなどが同じ漢字は字形が似ているので，書きまちがえないように注意しよう。
（挑・眺・跳）（勧・観・歓）（徐・除）

□⑬ 目的地に**到着**する。（　）
□⑭ 外から**歓声**が聞こえる。（　）
□⑮ とんぼの**羽化**。（　）
□⑯ **極上**のワインを飲む。（　）
□⑰ **光源**からの距離。（　）
□⑱ **傍観**すべきでない。（　）
□⑲ その**都度**連絡をする。（　）
□⑳ 美を**凝縮**した作品。（　）
□㉑ **徐々**にゴールに近づく。（　）
□㉒ **慎重**に行動する。（　）
□㉓ **矢面**に立たされる。（　）
□㉔ 賛成者が**多数**となる。（　）
□㉕ 熱い**弁舌**を振るう。（　）

□⑬ **テンケイ**的な行動。（　）
□⑭ 渋滞を**ヨソク**する。（　）
□⑮ 品物の**ユライ**を調べる。（　）
□⑯ **エンゲキ**を鑑賞する。（　）
□⑰ 商品を**ユウソウ**する。（　）
□⑱ 経費を**セツヤク**する。（　）
□⑲ 転勤を**キボウ**する。（　）
□⑳ 海賊の**ザイホウ**。（　）
□㉑ 試合で**トウカク**を現す。（　）
□㉒ 人の心を打つ**メイゲン**。（　）
□㉓ 新人の**カイキョ**が目立つ。（　）
□㉔ 食事を**テイキョウ**する。（　）
□㉕ 科学技術の**ハッタツ**。（　）

[　月　日]

第2日 最もよく出る漢字 ③

時間 20分　合格 80点　得点 /100

解答→別冊 2 ページ

1 読み **太字の漢字の読み方を書きなさい。**（2点×25）

□ ① 料理の味を**調**える。（　）
□ ② **趣**のある庭園。（　）
□ ③ 目を**凝**らして見る。（　）
□ ④ 高速道路が**混**む。（　）
□ ⑤ 若者の未来を**創**る。（　）
□ ⑥ 地域に**関**わりを持つ。（　）
□ ⑦ 会社の**要**となる事業。（　）
□ ⑧ いもに砂糖を**絡**める。（　）
□ ⑨ 事情を**鑑**みて判断する。（　）
□ ⑩ 針が大きく**振**れる。（　）
□ ⑪ **旬**の食べ物が並ぶ。（　）
□ ⑫ 心が**震**える物語。（　）

2 書き **太字のかたかなを漢字に直しなさい。**（2点×25）

□ ① 息を**ス**い込む。（　）
□ ② 地中に**クダ**を通す。（　）
□ ③ 責任をとって職を**ジ**した。（　）
□ ④ **キヌ**でできた着物。（　）
□ ⑤ 荷物が**カル**く感じる。（　）
□ ⑥ 多くの図書を**ゾウ**する。（　）
□ ⑦ 丁寧にお**レイ**を言う。（　）
□ ⑧ 王と**ヨ**ぶにふさわしい。（　）
□ ⑨ **マズ**しい暮らし。（　）
□ ⑩ 大部分を**シ**める。（　）
□ ⑪ 教科書に**モト**づく。（　）
□ ⑫ 精神を**ミガ**く。（　）

ここをおさえる!

① 同音異義語や同訓異字を正しく使い分けるためには，**それぞれの漢字の意味や熟語の意味**をしっかりと覚えよう。
② 読みが同じで字形が似ている漢字は，漢字の意味を考えて書こう。

□ ⑬ 難問に**挑戦**する。（　）
□ ⑭ **家路**を急ぐ人たち。（　）
□ ⑮ 話を聞いて**得心**した。（　）
□ ⑯ 条約を**批准**する。（　）
□ ⑰ 歩道に**誘導**される。（　）
□ ⑱ **鮮明**によみがえる。（　）
□ ⑲ **渓流**で釣りを楽しむ。（　）
□ ⑳ 当日は**快晴**だった。（　）
□ ㉑ 資料を**閲覧**する。（　）
□ ㉒ 人権を**尊重**する。（　）
□ ㉓ 部員の**期待**に応える。（　）
□ ㉔ **宮廷**の音楽家。（　）
□ ㉕ 歌声を**披露**する。（　）

□ ⑬ **セイゼン**と一列に並ぶ。（　）
□ ⑭ **ボウエキ**で栄えた港。（　）
□ ⑮ 国際線に**シュウコウ**する。（　）
□ ⑯ 子どもを**ユウセン**する。（　）
□ ⑰ **セイゾウ**工場を見学する。（　）
□ ⑱ 産業**カクメイ**がおきる。（　）
□ ⑲ 実物を**テンジ**する。（　）
□ ⑳ 王国に**クンリン**する。（　）
□ ㉑ 選挙制度を**サッシン**する。（　）
□ ㉒ **グウゼン**の出来事。（　）
□ ㉓ **ジシャク**による実験。（　）
□ ㉔ 映画の**ヨコク**を見る。（　）
□ ㉕ **リョクチャ**で一休みする。（　）

[　　月　　日]

第2日 最もよく出る漢字 ④

時間 20分　合格 80点　得点 ／100

解答→別冊 2 ページ

1 読み 太字の漢字の読み方を書きなさい。（2点×25）

① 強い精神を**培**う。（　　）
② 馬が**駆**ける。（　　）
③ 二の足を**踏**む。（　　）
④ 衣服の**汚**れを落とす。（　　）
⑤ 足元にも**及**ばない。（　　）
⑥ **狭**い道を通る。（　　）
⑦ 騒音を**遮**る工夫。（　　）
⑧ 事故により物流が**滞**る。（　　）
⑨ 妹に手を差し**伸**べる。（　　）
⑩ 江戸の商人の**粋**な計らい。（　　）
⑪ 会費で費用を**賄**う。（　　）
⑫ 流行が**廃**れる。（　　）

2 書き 太字のかたかなを漢字に直しなさい。（2点×25）

① 税金を**オサ**める。（　　）
② 庭に穴を**ホ**る。（　　）
③ **オ**しくも初戦で敗れる。（　　）
④ **アサ**いプール。（　　）
⑤ **カガミ**に顔を映す。（　　）
⑥ 工場で**ハタラ**く。（　　）
⑦ **ヤシナ**い育てる。（　　）
⑧ 秘密が**モ**れる。（　　）
⑨ 優勝旗を**カカ**げる。（　　）
⑩ 経験を**ツ**み重ねる。（　　）
⑪ **コマ**かく調べる。（　　）
⑫ 気持ちを**サッ**する。（　　）

ここに注意！

▶読み方をまちがえやすい漢字
著しい（**いちじる**-しい）　省く（**はぶ**-く）
試みる（**こころ**-みる）　営む（**いとな**-む）

□⑬ 新技術を**駆使**した製品。（　　）
□⑭ **疎遠**だった人に会う。（　　）
□⑮ **屈託**のない態度。（　　）
□⑯ 顔の**輪郭**を描く。（　　）
□⑰ **膨大**な数の資料。（　　）
□⑱ **率先**して行動する。（　　）
□⑲ 成績を**誇示**する。（　　）
□⑳ 休日を**満喫**して過ごす。（　　）
□㉑ **真偽**を明らかにする。（　　）
□㉒ あまりの**剣幕**に驚く。（　　）
□㉓ **威厳**ある態度。（　　）
□㉔ 美しい旋律に**陶酔**する。（　　）
□㉕ 発言後に**波紋**が広がる。（　　）

□⑬ 将来の**テンボウ**を語る。（　　）
□⑭ **テキセツ**に処理する。（　　）
□⑮ **ジュウジツ**した内容。（　　）
□⑯ 学校の**シュウイ**を走る。（　　）
□⑰ 豊富な**チシキ**。（　　）
□⑱ **デンゲン**を入れる。（　　）
□⑲ 作品の**ヒヒョウ**を受ける。（　　）
□⑳ 学業に**センネン**する。（　　）
□㉑ 農業の**フッケン**を目指す。（　　）
□㉒ 足腰に**フタン**がかかる。（　　）
□㉓ **オウボウ**な王に反抗する。（　　）
□㉔ **サクバン**からの雨がやむ。（　　）
□㉕ 事例を**ケイトウ**だてる。（　　）

[　月　日]

第3日 最もよく出る漢字 ⑤

時間 20分　合格 80点　得点 /100

解答→別冊3ページ

1 読み **太字の漢字の読み方を書きなさい。**（2点×25）

□ ① 労力をむだに**費**やす。（　）
□ ② 速さを**競**う。（　）
□ ③ **偏**った考え方を正す。（　）
□ ④ トタンで屋根を**覆**う。（　）
□ ⑤ 台風が**襲**う。（　）
□ ⑥ たいせつに**扱**う。（　）
□ ⑦ 事業を**営**む。（　）
□ ⑧ 雨で木々が**潤**う。（　）
□ ⑨ 計画の実行を**促**す。（　）
□ ⑩ **詳**しく調べる。（　）
□ ⑪ **専**ら読書をしている。（　）
□ ⑫ 山の**澄**んだ空気。（　）

2 書き **太字のかたかなを漢字に直しなさい。**（2点×25）

□ ① 友人の家を**オトズ**れる。（　）
□ ② **キビ**しいきまり。（　）
□ ③ 銀行にお金を**アズ**ける。（　）
□ ④ **ココロヨ**い朝の空気。（　）
□ ⑤ 家族の生活を**ササ**える。（　）
□ ⑥ 宿題を**ス**ませて遊ぶ。（　）
□ ⑦ **スコ**やかに成長する。（　）
□ ⑧ あやまちを**セ**める。（　）
□ ⑨ 災害に**ソナ**える。（　）
□ ⑩ 田畑を**タガヤ**す。（　）
□ ⑪ 返事に**コマ**る。（　）
□ ⑫ 川に**ソ**って歩く。（　）

ここをおさえる！
① 漢字は実際に紙に書いて覚えよう。
② 一画一画を丁寧に書くことで，**正しい字形**を覚えよう。
③ 漢字を覚えるには，**反復練習**が一番の近道である。

□ ⑬ 相手の顔を**凝視**する。（　）
□ ⑭ 春の**気配**を感じる。（　）
□ ⑮ 両案を**折衷**する。（　）
□ ⑯ 制限を**緩和**する。（　）
□ ⑰ 神社の**境内**で遊ぶ。（　）
□ ⑱ **純粋**なアルコール。（　）
□ ⑲ 暗中**模索**という感じだ。（　）
□ ⑳ **柔和**な顔。（　）
□ ㉑ **獲物**をねらう野獣の目。（　）
□ ㉒ 大気の**汚染**が進む。（　）
□ ㉓ **光沢**のある金属。（　）
□ ㉔ **余暇**を満喫する。（　）
□ ㉕ 両者を**比較**する。（　）

□ ⑬ **キケン**な所へ行かない。（　）
□ ⑭ **コウフン**して机をたたく。（　）
□ ⑮ 目だたない**ソンザイ**。（　）
□ ⑯ **フクザツ**な構造の機械。（　）
□ ⑰ **ユウビン**で送る。（　）
□ ⑱ 栄養を**キュウシュウ**する。（　）
□ ⑲ 雨で遠足が**エンキ**になる。（　）
□ ⑳ **キチョウ**品をあずける。（　）
□ ㉑ **アンイ**な方法はいけない。（　）
□ ㉒ 製造の**カテイ**を調べる。（　）
□ ㉓ 故障の**ゲンイン**。（　）
□ ㉔ 雨の多い**チイキ**。（　）
□ ㉕ **ジュンジョ**を守る。（　）

［　月　日］

第3日 最もよく出る漢字 ⑥

時間 20分
合格 80点
得点 ／100

解答→別冊3ページ

1 読み **太字の漢字の読み方を書きなさい。**（2点×25）

□ ① 政治に**携**わる人。（　）
□ ② 二分の一に**縮**める。（　）
□ ③ 病気の友を**慰**める。（　）
□ ④ 仕事がとても**忙**しい。（　）
□ ⑤ 進歩のあとが**著**しい。（　）
□ ⑥ 生徒会長に**推**す。（　）
□ ⑦ **躍**りあがって喜ぶ。（　）
□ ⑧ 大きな発展を**遂**げる。（　）
□ ⑨ **誘**い合って登校する。（　）
□ ⑩ 学校新聞に**載**せる。（　）
□ ⑪ 足を水に**浸**す。（　）
□ ⑫ 夕日に**映**える紅葉。（　）

2 書き **太字のかたかなを漢字に直しなさい。**（2点×25）

□ ① 仕事を**マカ**される。（　）
□ ② セーターを**ア**む姉。（　）
□ ③ 入学が**ユル**される。（　）
□ ④ 石に文字を**キザ**む。（　）
□ ⑤ 人形を**アヤツ**る。（　）
□ ⑥ 欠点を**オギナ**う。（　）
□ ⑦ **ケワ**しい山道を行く。（　）
□ ⑧ 書類を**トド**ける。（　）
□ ⑨ 事実を**タシ**かめる。（　）
□ ⑩ **アヤマ**りを訂正する。（　）
□ ⑪ 大きさを**クラ**べる。（　）
□ ⑫ **アツ**い本を読む。（　）

ここに注意！

▶書きまちがえやすい漢字
（○ 軽率　× 軽卒）　（○ 圧倒　× 圧到）
（○ 分析　× 分折）　（○ 発端　× 発短）

□ ⑬ 政権を**獲得**する。（　）
□ ⑭ **起伏**の多い土地。（　）
□ ⑮ 穏やかな**口調**で話す。（　）
□ ⑯ **厳密**に検査する。（　）
□ ⑰ 外国で**郷愁**を覚える。（　）
□ ⑱ **強引**に入会させる。（　）
□ ⑲ 文化祭の楽しい**企画**。（　）
□ ⑳ 勢力が**均衡**している。（　）
□ ㉑ 新聞に小説を**掲載**する。（　）
□ ㉒ テレビが**普及**した。（　）
□ ㉓ ハトは平和の**象徴**だ。（　）
□ ㉔ 利益を**独占**する。（　）
□ ㉕ 現実から**逃避**する。（　）

□ ⑬ 実現が**カノウ**な計画。（　）
□ ⑭ 生徒会に**カンシン**を持つ。（　）
□ ⑮ 事業を**カクチョウ**する。（　）
□ ⑯ 貿易会社に**キンム**する。（　）
□ ⑰ **キボ**の大きな計画。（　）
□ ⑱ 恩師を**ショウタイ**する。（　）
□ ⑲ たくましい**キンニク**。（　）
□ ⑳ 過去の**ケイケン**をいかす。（　）
□ ㉑ 薬の**コウカ**が現れる。（　）
□ ㉒ 話の**コウセイ**を考える。（　）
□ ㉓ **ジョウケン**に合う。（　）
□ ㉔ 大会で**ユウショウ**する。（　）
□ ㉕ 友人に**カンシャ**する。（　）

第4日 よく出る漢字 ①

［　月　日］

時間 20分　合格 80点　得点 ／100

解答→別冊4ページ

1 読み **太字の漢字の読み方を書きなさい。**（2点×25）

□ ① **黙**って考え込む。（　　）
□ ② リレーの出場者を**募**る。（　　）
□ ③ 山が**崩**れる。（　　）
□ ④ **湿**った空気が流れ込む。（　　）
□ ⑤ 部屋をきれいに**掃**く。（　　）
□ ⑥ わが身を**省**みる。（　　）
□ ⑦ 音楽会を**催**す。（　　）
□ ⑧ 寒さが**和**らいできた。（　　）
□ ⑨ 強風で木が**揺**れる。（　　）
□ ⑩ 過去の悪事を**悔**いる。（　　）
□ ⑪ 健康を**損**なう。（　　）
□ ⑫ 頂点を**極**める。（　　）

2 書き **太字のかたかなを漢字に直しなさい。**（2点×25）

□ ① 多くの荷物を**ツ**んだ車。（　　）
□ ② 部屋を**トトノ**える。（　　）
□ ③ 互いに技を**キソ**い合う。（　　）
□ ④ 二人はよく**ニ**た顔つきだ。（　　）
□ ⑤ とても**ホガ**らかな性格。（　　）
□ ⑥ **ミキ**の太い樹木。（　　）
□ ⑦ 解決の**ムズカ**しい問題。（　　）
□ ⑧ **ヤサ**しく声をかける。（　　）
□ ⑨ 飲食店を**イトナ**んでいる。（　　）
□ ⑩ 建築会社に**ツト**める兄。（　　）
□ ⑪ **アブ**ない道を避ける。（　　）
□ ⑫ **オサナ**いころの思い出。（　　）

第1日 第2日 第3日 第4日 第5日 第6日 第7日 第8日 第9日 第10日 総仕上げテスト

ここをおさえる!

① 漢字の練習をするときには，**読み**や**意味**を考えながら書くようにしよう。
② **筆順**に注意して書くことで，画数を確かめることができる。

□ ⑬ **緊張**をほぐす。（　　）
□ ⑭ **早速**出掛ける。（　　）
□ ⑮ 町の再建に**尽力**する。（　　）
□ ⑯ **瞬間**最大風速を記録する。（　　）
□ ⑰ **接触**事故に出くわす。（　　）
□ ⑱ 出発の**支度**をする。（　　）
□ ⑲ 目の**錯覚**を起こす。（　　）
□ ⑳ 新年の**抱負**を語る。（　　）
□ ㉑ **静寂**を破る大きな音。（　　）
□ ㉒ **詳細**に解説する。（　　）
□ ㉓ 仕事を**依頼**する。（　　）
□ ㉔ 環境**破壊**を食い止める。（　　）
□ ㉕ 笛の**典雅**な調べ。（　　）

□ ⑬ **ヨウイ**に解決しない問題。（　　）
□ ⑭ 文学に関する**コウエン**会。（　　）
□ ⑮ **ショウライ**の希望を語る。（　　）
□ ⑯ 消費者の**ジュヨウ**が多い。（　　）
□ ⑰ 文化祭の**ジュンビ**をする。（　　）
□ ⑱ 中学生が**タイショウ**の本。（　　）
□ ⑲ 友人に**チュウコク**する。（　　）
□ ⑳ 美術作品の**テンラン**会。（　　）
□ ㉑ 事件の**ハイケイ**をさぐる。（　　）
□ ㉒ **メンミツ**な調査をする。（　　）
□ ㉓ 五万人の大**カンシュウ**。（　　）
□ ㉔ 店の**カンバン**を出す。（　　）
□ ㉕ 書店で**ザッシ**を買う。（　　）

[　　月　　日]

第4日　よく出る漢字 ②

時間 20分　合格 80点　得点 /100

解答→別冊4ページ

1 読み　太字の漢字の読み方を書きなさい。（2点×25）

□ ① 強い光を**放**つ。（　）
□ ② **淡**い春の光。（　）
□ ③ 柿の実が**熟**れた。（　）
□ ④ **険**しい表情。（　）
□ ⑤ 寒さに手が**凍**える。（　）
□ ⑥ 研究会の参加を**勧**める。（　）
□ ⑦ **速**やかに支度をする。（　）
□ ⑧ **巧**みな話術。（　）
□ ⑨ 水面を**漂**う枯れ葉。（　）
□ ⑩ 野原で草花を**摘**む。（　）
□ ⑪ 人々が音楽会に**集**う。（　）
□ ⑫ 交番で道を**尋**ねる。（　）

2 書き　太字のかたかなを漢字に直しなさい。（2点×25）

□ ① 歯の**イタ**みがなくなる。（　）
□ ② **イチジル**しく変化する。（　）
□ ③ 東京から大阪に**ウツ**る。（　）
□ ④ 朝はパン食に**キ**めている。（　）
□ ⑤ 感情を**キズ**つける。（　）
□ ⑥ 山本君を会長に**オ**す。（　）
□ ⑦ **ココロ**みにやってみる。（　）
□ ⑧ 現役を**シリゾ**く。（　）
□ ⑨ 平和を**タモ**つ。（　）
□ ⑩ 一位との差を**チヂ**める。（　）
□ ⑪ 都会で**ク**らす。（　）
□ ⑫ 布を青く**ソ**める。（　）

ここに注意！
① 音読みが複数ある漢字…献（ケン・コン）　執（シツ・シュウ）
② 訓読みが複数ある漢字…映（うつ-る・うつ-す・は-える）
抱（だ-く・いだ-く・かか-える）

□ ⑬ 彼はものを**粗末**にしない。（　）
□ ⑭ 機械を**操作**する。（　）
□ ⑮ 大きな**反響**が起こる。（　）
□ ⑯ 樹木が**繁茂**する地帯。（　）
□ ⑰ 昔の書物を**珍重**する。（　）
□ ⑱ 二つの企業が**提携**する。（　）
□ ⑲ **体裁**を繕う。（　）
□ ⑳ **微妙**な変化に気づく。（　）
□ ㉑ 情景をうまく**描写**する。（　）
□ ㉒ 弟の行いに**憤慨**する。（　）
□ ㉓ **矛盾**した考え方。（　）
□ ㉔ 自動的に**制御**する。（　）
□ ㉕ 苦しさを**我慢**する。（　）

□ ⑬ 地震を**ヨチ**する。（　）
□ ⑭ 生徒を**インソツ**する先生。（　）
□ ⑮ 自動車が**コショウ**した。（　）
□ ⑯ **カイカツ**な少年。（　）
□ ⑰ **カンタン**な説明。（　）
□ ⑱ ふるさとへ**キセイ**する。（　）
□ ⑲ **キソク**をきびしくする。（　）
□ ⑳ 親の**キタイ**にこたえる。（　）
□ ㉑ 音楽に**キョウミ**がある。（　）
□ ㉒ **ギモン**点が多い。（　）
□ ㉓ 読書に**ムチュウ**になる。（　）
□ ㉔ 紫外線から**ボウゴ**する。（　）
□ ㉕ 会社を**ホウモン**する。（　）

[　月　日]

第5日 よく出る漢字 ③

時間 20分
合格 80点
得点 ／100

解答→別冊4ページ

1 読み 太字の漢字の読み方を書きなさい。（2点×25）

□ ① 川の水が**濁**る。（　　）
□ ② 川に**臨**んだ家。（　　）
□ ③ わけ**隔**てなくもてなす。（　　）
□ ④ 実力を**誇**るチーム。（　　）
□ ⑤ **紛**らわしい漢字。（　　）
□ ⑥ 池の周囲を**巡**る。（　　）
□ ⑦ 恩恵を**被**る。（　　）
□ ⑧ 命のたいせつさを**諭**す。（　　）
□ ⑨ 家督を**継**ぐ。（　　）
□ ⑩ 忠告を**肝**に銘じる。（　　）
□ ⑪ 失敗に**懲**りる。（　　）
□ ⑫ **跳**ねるように動く。（　　）

2 書き 太字のかたかなを漢字に直しなさい。（2点×25）

□ ① 学力の向上に**ツト**める。（　　）
□ ② ドアが**ト**じられたままだ。（　　）
□ ③ 被害を最小限に**フセ**ぐ。（　　）
□ ④ 採用人数を**ヘ**らす。（　　）
□ ⑤ **ホ**しいものを手に入れた。（　　）
□ ⑥ 生徒を**ミチビ**く先生。（　　）
□ ⑦ 棚に**ナラ**んだ本。（　　）
□ ⑧ 目的を**ハ**たした。（　　）
□ ⑨ 言い**アラソ**う。（　　）
□ ⑩ 自分の考えを**ノ**べる。（　　）
□ ⑪ 恩師を**シタ**う。（　　）
□ ⑫ 腰を**ス**える。（　　）

ここをおさえる！

① 過去の入試問題を実際に解いてみよう。
② まちがえた漢字は，ノートなどにまとめてくり返し練習しよう。
③ 入試問題に頻出の漢字は，必ず読み書きできるようにしておこう。

□ ⑬ 説明を聞いて**納得**する。（　　）
□ ⑭ 資料を細かく**分析**する。（　　）
□ ⑮ 荷物を**満載**した車。（　　）
□ ⑯ 作文を**添削**する先生。（　　）
□ ⑰ **魅力**のある作品。（　　）
□ ⑱ **抑圧**に反発する。（　　）
□ ⑲ **威厳**のある人物。（　　）
□ ⑳ 将来を**嘱望**される選手。（　　）
□ ㉑ **愉快**な仲間との語らい。（　　）
□ ㉒ 長年の**懸案**が解決する。（　　）
□ ㉓ **親睦**を深める。（　　）
□ ㉔ 地下資源を**採掘**する。（　　）
□ ㉕ 外国製品を**排斥**する。（　　）

□ ⑬ 資料をよく**ケントウ**する。（　　）
□ ⑭ 実現を**イト**する。（　　）
□ ⑮ 多くの**コンナン**に向かう。（　　）
□ ⑯ よしあしを**シキベツ**する。（　　）
□ ⑰ **ソウゾウ**上の動物。（　　）
□ ⑱ 歴史を**センモン**に学ぶ。（　　）
□ ⑲ 失敗は**セイコウ**のもと。（　　）
□ ⑳ **スイチョク**に立てる。（　　）
□ ㉑ **エイタツ**を求めて勉強する。（　　）
□ ㉒ **ウチュウ**の謎に迫る。（　　）
□ ㉓ **ハクラン**会を案内する。（　　）
□ ㉔ 正しい**ハンダン**をくだす。（　　）
□ ㉕ **キョウフ**心を乗り越える。（　　）

[　月　日]

第5日 よく出る漢字 ④

時間 20分　合格 80点　得点 ／100

解答→別冊5ページ

1 読み **太字の漢字の読み方を書きなさい。**（2点×25）

□ ① 作文の構想を**練**る。（　）
□ ② 美しい風景を**描**く。（　）
□ ③ 罪を**犯**す。（　）
□ ④ 西の山に日が**傾**く。（　）
□ ⑤ 喜びに心が**弾**む。（　）
□ ⑥ 運動して体を**鍛**える。（　）
□ ⑦ タイムカプセルを**埋**める。（　）
□ ⑧ 痛い目に**遭**う。（　）
□ ⑨ 選手団を**率**いる。（　）
□ ⑩ みこしを**繰**り出す。（　）
□ ⑪ バスで地元へ**戻**る。（　）
□ ⑫ 兄が**指**した方向を見る。（　）

2 書き **太字のかたかなを漢字に直しなさい。**（2点×25）

□ ① 公園にベンチを**モウ**ける。（　）
□ ② 大波が打ち**ヨ**せる。（　）
□ ③ 老人のために席を**ア**ける。（　）
□ ④ 気持ちが**ヤワ**らぐ。（　）
□ ⑤ 学問を**オサ**める。（　）
□ ⑥ 一人でも**カ**けると困る。（　）
□ ⑦ **テ**れくさそうにする。（　）
□ ⑧ 出世を**ノゾ**む。（　）
□ ⑨ **スルド**い目つき。（　）
□ ⑩ **サケ**び声をあげる。（　）
□ ⑪ **カキ**の木に登る。（　）
□ ⑫ ガラスが**ワ**れる。（　）

ここに注意！

▶まちがえやすい四字熟語
（○ 異口同音　× 異句同音）　（○ 心機一転　× 心気一転）
（○ 以心伝心　× 意心伝心）　（○ 試行錯誤　× 思考錯誤）

□ ⑬ 景気が回復する**兆候**。（　）
□ ⑭ 春の**息吹**を感じる。（　）
□ ⑮ 大きな**恩恵**に浴する。（　）
□ ⑯ 大国の**干渉**を受ける。（　）
□ ⑰ 人生の**岐路**に立つ。（　）
□ ⑱ 水蒸気が**凝結**する。（　）
□ ⑲ **規模**の大きな計画。（　）
□ ⑳ 使用を**許諾**する書類。（　）
□ ㉑ レンズを**研磨**する。（　）
□ ㉒ さるの**滑稽**なしぐさ。（　）
□ ㉓ 人によって**解釈**が違う。（　）
□ ㉔ **脈絡**のない話を続ける。（　）
□ ㉕ 名店を**網羅**した本。（　）

□ ⑬ 目標に**トウタツ**した。（　）
□ ⑭ 工業国へと**ハッテン**した。（　）
□ ⑮ 税率を**ケイゲン**する。（　）
□ ⑯ 実力を**ハッキ**する。（　）
□ ⑰ 苦しいと**ヒメイ**をあげる。（　）
□ ⑱ **ヒョウバン**のよい医者。（　）
□ ⑲ 被告の**ベンゴ**をした。（　）
□ ⑳ 森を静かに**サンサク**する。（　）
□ ㉑ 最終場面が**アッカン**だった。（　）
□ ㉒ **シゴク**まっとうな意見。（　）
□ ㉓ 仕事を**ブンタン**して進める。（　）
□ ㉔ 先生に**アイサツ**をする。（　）
□ ㉕ 必要な品を**カクホ**する。（　）

[　月　日]

第6日 よく出る漢字 ⑤

時間 20分
合格 80点
得点 ／100

解答→別冊6ページ

1 読み **太字の漢字の読み方を書きなさい。**（2点×25）

□ ① 石につまずいて**転**ぶ。（　）
□ ② 要求を**拒**む。（　）
□ ③ 部屋に畳を**敷**く。（　）
□ ④ **健**やかに育つ。（　）
□ ⑤ しめ切り日が**迫**る。（　）
□ ⑥ **装**いをこらす。（　）
□ ⑦ 罪を**償**う。（　）
□ ⑧ 行いを**慎**む。（　）
□ ⑨ 昔、朝廷に**仕**えた人。（　）
□ ⑩ 服の破れを**繕**う。（　）
□ ⑪ 知恵を**授**かる。（　）
□ ⑫ 姿を**隠**す。（　）

2 書き **太字のかたかなを漢字に直しなさい。**（2点×25）

□ ① できるだけ手間を**ハブ**く。（　）
□ ② 好きな職業に**ツ**いた。（　）
□ ③ 映画会を**モヨオ**す。（　）
□ ④ 危ないところを**スク**う。（　）
□ ⑤ 渡り鳥の**ム**れが飛び去る。（　）
□ ⑥ 各家庭に新聞を**クバ**る。（　）
□ ⑦ 教室では**サワ**ぐな。（　）
□ ⑧ 入会を**スス**められた。（　）
□ ⑨ 雪の**ノコ**った山々。（　）
□ ⑩ 時間を**ツイ**やして考えた。（　）
□ ⑪ 胸に**ヒ**めた思い。（　）
□ ⑫ 人通りが**タ**える。（　）

ここをおさえる！

① 学んだ漢字を使った熟語を調べて，言葉の知識を増やそう。
償う　→　補償・弁償・代償・有償・無償
② 新しく学んだ漢字や熟語は，会話や文章などで実際に使ってみよう。

□ ⑬ けがの**功名**。（　）
□ ⑭ 交通が**渋滞**している。（　）
□ ⑮ やわらかな**感触**だ。（　）
□ ⑯ 品物をよく**吟味**する。（　）
□ ⑰ **奇妙**な風習を持つ民族。（　）
□ ⑱ **驚異**的な記録を出した。（　）
□ ⑲ **緊急**に解決すべき問題。（　）
□ ⑳ 旅行に薬を**携行**する。（　）
□ ㉑ 失敗を**契機**にがんばる。（　）
□ ㉒ **虚偽**の証言をする。（　）
□ ㉓ **軌跡**をたどる。（　）
□ ㉔ **承諾**を得る。（　）
□ ㉕ **不朽**の名作。（　）

□ ⑬ 人の**オウライ**が激しい。（　）
□ ⑭ 天体の**カンソク**を続ける。（　）
□ ⑮ **エイエン**に続く。（　）
□ ⑯ 雑誌を**インサツ**する。（　）
□ ⑰ 入学が**キョカ**された。（　）
□ ⑱ **セキニン**感の強い人。（　）
□ ⑲ **ケイカイ**なメロディー。（　）
□ ⑳ 社会の**コンラン**を防ぐ。（　）
□ ㉑ **スナオ**な性格の生徒。（　）
□ ㉒ 新商品の**センデン**をする。（　）
□ ㉓ 文化**イサン**を守る。（　）
□ ㉔ **コキョウ**へ錦を飾る。（　）
□ ㉕ **シヤ**が広がる。（　）

[　月　日]

第6日 よく出る漢字 ⑥

時間 20分　合格 80点　得点 ／100

解答→別冊6ページ

1 読み **太字の漢字の読み方を書きなさい。**（2点×25）

□ ① 時計が時を**刻**む。（　）
□ ② **和**やかな空気の同窓会。（　）
□ ③ 勇気を**奮**って戦う。（　）
□ ④ 大阪を**経**て京都へ行く。（　）
□ ⑤ 資源の**乏**しい国。（　）
□ ⑥ たいせつな本を**傷**める。（　）
□ ⑦ この国の風習にも**慣**れた。（　）
□ ⑧ **易**しい本を読む。（　）
□ ⑨ 野菜から水が**垂**れる。（　）
□ ⑩ 体調を**整**える。（　）
□ ⑪ 表面が**滑**らかだ。（　）
□ ⑫ 身を**潜**める。（　）

2 書き **太字のかたかなを漢字に直しなさい。**（2点×25）

□ ① ゴミを**ヒロ**う。（　）
□ ② 式典に**ノゾ**む。（　）
□ ③ 写真を**ト**ってもらう。（　）
□ ④ **ヘダ**てのない間柄。（　）
□ ⑤ 旅行の計画を**ネ**る。（　）
□ ⑥ **アタタ**かいもてなし。（　）
□ ⑦ そっと手で**フ**れてみる。（　）
□ ⑧ 努力を**ミト**める。（　）
□ ⑨ **タダ**ちに中止しなさい。（　）
□ ⑩ 水を**ア**びせる。（　）
□ ⑪ セーターを**アラ**う。（　）
□ ⑫ 初日の出を**オガ**む。（　）

ここに注意！

① 同訓の漢字…勤める・務める・努める ／ 現す・表す・著す
② 同音の漢字…歓心・関心・感心・寒心 ／ 追求・追究・追及
観賞・鑑賞・干渉・完勝・感傷

□ ⑬ 孤児の救済に**献身**する。（　　）
□ ⑭ 珍しい**現象**が見られる。（　　）
□ ⑮ **根拠**のないうわさ。（　　）
□ ⑯ 困難を**克服**して進む。（　　）
□ ⑰ **軽薄**な言動をつつしむ。（　　）
□ ⑱ 国の**秩序**を守る。（　　）
□ ⑲ 権力者に**迎合**する。（　　）
□ ⑳ 辞書の**索引**を活用する。（　　）
□ ㉑ **後悔**先に立たず。（　　）
□ ㉒ 城の守りを**堅固**にする。（　　）
□ ㉓ 権利を**譲渡**する。（　　）
□ ㉔ 幼時を**回顧**する。（　　）
□ ㉕ **執念**を燃やす。（　　）

□ ⑬ アジア**ゼンパン**に詳しい。（　　）
□ ⑭ 優勝旗を**カクトク**する。（　　）
□ ⑮ 先生に**ソウダン**する。（　　）
□ ⑯ **ソザイ**を生かした調理法。（　　）
□ ⑰ 商品の**ネダン**。（　　）
□ ⑱ 野菜に**ヒリョウ**をやる。（　　）
□ ⑲ 研究の**セツビ**をよくする。（　　）
□ ⑳ 結果に**マンゾク**する。（　　）
□ ㉑ **カンケツ**に説明する。（　　）
□ ㉒ 自然の**オンケイ**を受ける。（　　）
□ ㉓ 正しい**シセイ**で座る。（　　）
□ ㉔ 塩の量を**カゲン**する。（　　）
□ ㉕ 液体が**ジョウハツ**する。（　　）

［　月　日］

第7日 差がつく漢字 ①

時間 20分　合格 80点　得点 ／100

解答→別冊6ページ

1 読み **太字の漢字の読み方を書きなさい。**（2点×25）

□ ① 会の運営を彼に**任**す。（　）
□ ② パニックに**陥**る。（　）
□ ③ **醜**い行為をするな。（　）
□ ④ **憩**いのひととき。（　）
□ ⑤ 名作の**誉**れ高い小説。（　）
□ ⑥ 食べ物に**群**がる動物。（　）
□ ⑦ 距離を正しく**測**る。（　）
□ ⑧ 先生のお宅に**伺**う。（　）
□ ⑨ 恩恵を多くの人に**施**す。（　）
□ ⑩ 気候が**穏**やかになる。（　）
□ ⑪ **慌**てて外へ飛び出す。（　）
□ ⑫ 自分の意志を**貫**く。（　）

2 書き **太字のかたかなを漢字に直しなさい。**（2点×25）

□ ① すばらしい業績を**ホコ**る。（　）
□ ② 重大な責任を**オ**びる。（　）
□ ③ 風に**チ**る花びら。（　）
□ ④ **イサギヨ**く謝る。（　）
□ ⑤ 全校生徒に**ツ**げる。（　）
□ ⑥ **イキオ**いよく流れる。（　）
□ ⑦ 友だちに本を**カ**りる。（　）
□ ⑧ 彼とは性格が**コト**なる。（　）
□ ⑨ 道に**マヨ**う。（　）
□ ⑩ はっきり**オボ**えている。（　）
□ ⑪ 守備を**カタ**める。（　）
□ ⑫ 国を**オサ**める。（　）

ここをおさえる!

① 形が似ている漢字はまちがえやすいので注意しよう。
② 送りがなによって読み方が変わる漢字には注意しよう。
探（さが-す・さぐ-る） 厳（きび-しい・おごそ-か）

□⑬ 研修の講師を**委嘱**する。（　　）
□⑭ 定期券を**拾得**した。（　　）
□⑮ 伝統を**継承**する。（　　）
□⑯ 学校の建設を**申請**する。（　　）
□⑰ 一家の生計を**維持**する。（　　）
□⑱ 予算を**削減**する。（　　）
□⑲ 社会のために**貢献**する。（　　）
□⑳ 事業を**遂行**する。（　　）
□㉑ **篤志家**をたたえる。（　　）
□㉒ 雨水が地面に**浸透**する。（　　）
□㉓ **収穫**が多い。（　　）
□㉔ 支社に**赴任**する。（　　）
□㉕ 酸素が**欠乏**する。（　　）

□⑬ 生育を**カンサツ**する。（　　）
□⑭ 安全**ソウチ**が働く。（　　）
□⑮ **キュウキュウ**車で行く。（　　）
□⑯ いちごを**サイバイ**する。（　　）
□⑰ よい**シュウカン**をつける。（　　）
□⑱ 機械を**ソウサ**する。（　　）
□⑲ 万事が**ツゴウ**よくいった。（　　）
□⑳ 仕事が**テイタイ**する。（　　）
□㉑ **ミチ**の世界をさぐる。（　　）
□㉒ 石油が**ネンショウ**する。（　　）
□㉓ **オンコウ**な性格。（　　）
□㉔ 安全を**カクニン**する。（　　）
□㉕ 教育を受ける**ケンリ**。（　　）

［　月　日］

第7日　差がつく漢字 ②

時間 20分　合格 80点　得点 ／100

解答→別冊７ページ

1 読み　**太字の漢字の読み方を書きなさい。**（2点×25）

□ ① 目前に試験が**控**える。（　）
□ ② 母を**伴**って上京する。（　）
□ ③ 真理を**悟**った人。（　）
□ ④ むだを**省**くようにする。（　）
□ ⑤ 眠りを**妨**げる騒音。（　）
□ ⑥ 怒りを**含**んだ顔つき。（　）
□ ⑦ 敵の攻撃を**避**ける。（　）
□ ⑧ 悪政に**憤**る。（　）
□ ⑨ 努力を**怠**る。（　）
□ ⑩ 手で物に**触**れる。（　）
□ ⑪ 新しい任地へ**赴**く。（　）
□ ⑫ 友人を**励**ます。（　）

2 書き　**太字のかたかなを漢字に直しなさい。**（2点×25）

□ ① 知識が**ユタ**かな人。（　）
□ ② 神仏を**ウヤマ**う。（　）
□ ③ 神社の**ウラ**は森だ。（　）
□ ④ 障害物を取り**ノゾ**く。（　）
□ ⑤ まわりを**カコ**う。（　）
□ ⑥ **エ**みを浮かべる。（　）
□ ⑦ 木々の**メ**がふくらむ。（　）
□ ⑧ 時間が**ノ**びる。（　）
□ ⑨ **シタ**しみやすい人。（　）
□ ⑩ **フタタ**び試してみる。（　）
□ ⑪ 友人を家に**マネ**く。（　）
□ ⑫ 確固たる地位を**キズ**く。（　）

ここに注意！

▶訓読みが複数ある漢字
冷（つめ-たい・ひ-える・ひ-やす・さ-める）
絞（しぼ-る・し-める・し-まる）

□⑬ **閑静**な住宅地に住む。（　）
□⑭ 高校球界で**屈指**の選手。（　）
□⑮ 仏教を**信仰**する人。（　）
□⑯ 動物を**虐待**するな。（　）
□⑰ **妥協**が成立した。（　）
□⑱ 自由を**拘束**しない。（　）
□⑲ 自信を**喪失**する。（　）
□⑳ 適切な**措置**を講じる。（　）
□㉑ 言論の自由を**束縛**する。（　）
□㉒ **怠惰**な生活を改める。（　）
□㉓ 岩を**粉砕**する。（　）
□㉔ **繊細**な神経の持ち主。（　）
□㉕ **素朴**な味わいがある。（　）

□⑬ **ナットク**するまで聞く。（　）
□⑭ 天地を**ソウゾウ**した神。（　）
□⑮ **オウフク**の切符を買う。（　）
□⑯ 衣服を**セイケツ**にする。（　）
□⑰ 物の**カチ**が上がる。（　）
□⑱ 絶好の**キカイ**を逃す。（　）
□⑲ 銀行に**シュウショク**した。（　）
□⑳ **シュウヨウ**を積んだ人。（　）
□㉑ ピアノを**エンソウ**する。（　）
□㉒ 人口が**ゲンショウ**する。（　）
□㉓ **ガイロ**で遊ぶのは危険だ。（　）
□㉔ 力不足を**ツウカン**する。（　）
□㉕ 事実から**スイテイ**する。（　）

第8日 同音・同訓の漢字

[　月　日]

時間 20分　合格 80点　得点 /100

解答→別冊8ページ

1 【同音・同訓】次の文の――線部にあたる漢字を、それぞれ書きなさい。（5点×4）〔明治大付属中野高―改〕

(1) 上役のカン心を買う。
公害問題にカン心を持つ。
（　・　）

(2) 責任を追キュウする。
利潤を追キュウする。
（　・　）

(3) 議長をツトめる。
解決にツトめる。
（　・　）

(4) 消息をタつ。
生地をタつ。
（　・　）

2 【同音】「ヒルイがない」の「ヒルイ」を漢字で書いたものを、次のア～オから選びなさい。（10点）〔高田高〕［　］

ア 非類　イ 秘類
ウ 否類　エ 比類
オ 被類

3 【同訓】次の文の――線部「種」と同じ意味で用いられているものを、あとのア～エから選びなさい。（10点）〔香川〕［　］

手品とは、必ず種や仕掛けがあるが、……。

ア 話の種　イ 種をまく
ウ 菜種の花　エ 種を明かす

4 【同音・同訓】次の文の――線部にあたる漢字を、それぞれあとのア～エから選びなさい。（5点×4）

(1) 九時ごろ、床にツいた。〔栃木〕［　］
ア 突　イ 着　ウ 付　エ 就

(2) 病気がカイホウに向かう。〔栃木〕［　］
ア 快方　イ 介抱　ウ 会報　エ 開放

(3) 入場者の数をキセイする。〔宮城〕［　］
ア 省　イ 制　ウ 製　エ 精

(4) 大会に参加するイコウを伝える。〔宮城〕［　］
ア 光　イ 行　ウ 降　エ 向

ここをおさえる!

① 同じ「音」の漢字は，**用例をふまえて**使い分けよう。
② 同じ「訓」の漢字は，**熟語にして**使い分けを覚えよう。
③「音」は「訓」，「訓」は「音」にして，**意味**や**用法**を確認しよう。

5 **【同音】次の——線部と同じ漢字が用いられている熟語を、それぞれあとのア～オから選びなさい。**（5点×4）〔拓殖大第一高〕

□ (1) ドウ機
ア 言ドウ　**イ** 報ドウ　**ウ** ドウ察　**エ** ドウ乗　**オ** 殿ドウ
〔　　〕

□ (2) 真ケン
ア 特ケン　**イ** ケン約　**ウ** ケン士　**エ** ケン討　**オ** 文ケン
〔　　〕

□ (3) コウ率
ア 均コウ　**イ** 芳コウ　**ウ** コウ石　**エ** コウ想　**オ** 実コウ
〔　　〕

□ (4) 過コク
ア 渓コク　**イ** コク服　**ウ** 密コク　**エ** コク似　**オ** コク物
〔　　〕

6 □ **【同音・同訓】次の文の——線部にあたる漢字と同じ漢字が用いられている熟語を、あとのア～エから選びなさい。**（10点）〔鳥取〕

他人の権利をオカしてはならない。

ア 学級会のシンコウをする。
イ スポーツのシンコウにつくす。
ウ 敵地にシンコウする。
エ 隣国とシンコウを深める。
〔　　〕

7 □ **【同音】「世間体」の「体」と同じ読み方をするものを、次のア～オから選びなさい。**（10点）〔明治大付属中野高―改〕

ア 客体　**イ** 体得　**ウ** 体裁　**エ** 体現　**オ** 近体詩
〔　　〕

確認しよう!

「おさめる」には、「収める」「納める」「治める」「修める」という同訓異字がある。それぞれ文意に沿って、「利益を収める」「税金を納める」「国を治める」「学業を修める」などと使い分ける。

[　月　日]

第8日　同意語・反意語

時間 20分　合格 80点　得点　／100

解答→別冊9ページ

1 【同意語】「意のまま」と同じような意味を表す言葉を、次のア〜エから選びなさい。（10点）〔兵庫〕

ア 容易　イ 得意
ウ 気楽　エ 自在

［　　］

2 【同意語】「当意即妙」と意味的に関係の深い言葉を、次のア〜エから選びなさい。（10点）〔都立青山高〕

ア 従順　イ 機転
ウ 敏感　エ 慎重

［　　］

3 【漢字の意味】「理にかなっている」に用いられている「理」の意味を、次のア〜エから選びなさい。（10点）〔和歌山〕

ア 道理　イ 理想
ウ 理性　エ 処理

［　　］

4 【熟語作り】次の漢字と反対の意味を持つ漢字、または同じような意味を持つ漢字を、あとの□から一字選び、例にならって、提示されている漢字と組み合わせて二字の熟語を作りなさい。（5点×4）〔石川〕

例　近―［遠近］　守―［守護］

(1) 道―［　　］　(2) 愛―［　　］
(3) 失―［　　］　(4) 大―［　　］

格　車　得　望　少　憎　国　巨　路　着

5 【漢字の意味】「容易」の「易」と異なる意味を持つ熟語はどれか。次のア〜オから選びなさい。（5点）〔広島大附高〕

ア 簡易　イ 平易　ウ 安易
エ 難易　オ 貿易

［　　］

ここをおさえる！
① **同意語・反意語**はセットで覚えよう。
② **熟語の組み立て**に注目して，熟語が持つ意味と関連づけて考えると覚えやすい。

6 □ 【同意語・反意語】**次の□に漢字を一字ずつ入れて、それぞれの指示に合った熟語を作りなさい。**（5点×2）

□(1)「未開」と反対の意味の熟語を作りなさい。（共立女子第二高―改）

□明

□(2)「お題目を並べる」の「お題目」と、同じ意味の熟語を作りなさい。（岡山県立岡山朝日高―改）

□論

7 □ 【漢字の意味】**「難ずる」の「難」と同じ意味の「難」を持つ熟語を、次のア～エから選びなさい。**（10点）（久留米大附高）〔　〕

ア 難易　**イ** 苦難　**ウ** 非難　**エ** 難民

8 □ 【反意語】**漢字一字を□に入れて、「偶然」と反対の意味を持つ熟語を作りなさい。**（5点）（岡山県立岡山朝日高―改）

□然

9 □ 【反意語】**「結果」と反対の意味を持つ熟語を、漢字二字で書きなさい。**（5点）（山口―改）

□□

10 □ 【同意語】**「一点張り」と意味の上で最も共通性のない言葉を、次のア～エから選びなさい。**（10点）（江戸川学園取手高）〔　〕

ア 一辺倒
イ 一本やり
ウ 一知半解
エ 一筋

11 □ 【同意語】**「平穏」とよく似た意味の熟語を□に入れて、四字熟語を作りなさい。**（5点）（共立女子第二高）

平穏□□

確認しよう！

反意語には、**一字**が対応するものと**全体**が対応するものとがある。「善意↔悪意」は「善↔悪」、「販売↔購買」は「販↔購」「売↔買」。「賛成↔反対」は全体の意味が対応している。

第9日 部首・筆順・画数

[　月　日]

時間 20分　合格 80点　得点 ／100

解答→別冊10ページ

1 □ 【筆順】次の漢字を書くとき、赤く書かれたところは何画目になるか。それぞれ算用数字で書きなさい。（5点×3）〔栃木・山口〕

□ (1) 式　［　　］

□ (2) 何　［　　］

□ (3) 究　［　　］

2 □ 【部首名】次の漢字の部首名を書きなさい。（5点）〔群馬〕

越　［　　］

3 □ 【画数】次の行書で書かれた漢字を楷書《かいしょ》で書いた場合、「遠」と総画数が同じものはどれか。次のア〜エから選びなさい。（10点）〔岩手―改〕［　　］

ア 様　イ 震　ウ 葉　エ 続

4 【部首】次の問いに答えなさい。（5点×2）

□ (1) 次の漢字を「旁《つくり》」とする漢字を考える場合、「偏《へん》」に「さんずい」をつけても、「てへん」をつけても成り立つものはどれか。次のア〜エから選びなさい。〔栃木〕［　　］

ア 谷　イ 山　ウ 白　エ 土

□ (2) 「独」について、漢和辞典の部首索引を使って調べたい。どの部首を引けばよいか。次のア〜エから選びなさい。〔愛媛―改〕［　　］

ア つちへん　イ けものへん　ウ てへん　エ こざとへん

5 【部首名】次の漢字の部首名をそれぞれ書きなさい。（5点×4）

□ (1) 「得」の「彳」…［　　］〔熊本〕

□ (2) 「剣」の「刂」…［　　］〔熊本〕

□ (3) 「掃」の「扌」…［　　］〔秋田〕

□ (4) 「性」の「忄」…［　　］〔滋賀〕

ここに注意！

① 書体によって**字形**や**画数**が変化することに注意しよう。
②「とめ」「はね」「長短」「曲げ」などをしっかり確認しながら筆順に気をつけて書くことで，正確な漢字を書くことができる。

6 □ **【画数】「イ細」の「イ」の漢字の総画数を、次のア～オから選びなさい。**（5点）〔高田高〕

ア 五画　イ 八画　ウ 九画
エ 十一画　オ 十三画

〔　　〕

7 □ **【部首】「旁」の部分がその漢字の部首となっているものを、次のア～エから選びなさい。**（5点）〔山形―改〕

ア 頭　イ 然
ウ 秋　エ 起

〔　　〕

8 **【部首・画数】次の――線部の行書体の漢字について、(1)同じ部首のものを、あとのア～エから選びなさい。また、(2)――線部の漢字を楷書体で書く場合の画数を、算用数字で書きなさい。**（5点×2）〔鳥取〕

□(1)〔　　〕　□(2)〔　　〕

複合

ア 和　イ 福
ウ 松　エ 被

9 **【筆順】「惜」・「乗」を楷書体で書くとき、次の赤く塗って示した部分は何画目になるか。それぞれ算用数字で書きなさい。**（5点×2）〔鹿児島〕

□(1) 惜 〔　　〕

□(2) 乗 〔　　〕

10 **【部首・画数】「痛」を漢和辞典で調べる場合、その方法について、次の A には部首名をひらがなで、B には算用数字を書きなさい。**（5点×2）〔大分〕

□A〔　　〕　□B〔　　〕

部首索引では、部首 A のページを開き、部首以外の部分の画数を調べる。
また、総画索引では、 B 画で調べる。

確認しよう！

次の漢字は筆順をまちがえやすいので注意しよう。

必→丶 丿 乄 必 必
右→丿 ナ 十 右 右
飛→乁 乁 乁 乁 飛 飛 飛 飛 飛
医→一 ㇐ 𠂉 ㇐ 矢 矢 医

第9日 慣用句・故事成語

時間 20分　合格 80点　得点 /100

解答→別冊11ページ

1 □ 【慣用句】**「我が家では猫がいちばん大きな顔をして過ごしている。」の――線部の意味を、次のア～エから選びなさい。**（8点）〔栃木〕［　　］

ア 表情　イ 影響
ウ 面目　エ 態度

2 □ 【慣用句】**「ほんのわずかであること」という意味を持つ慣用句を、次のア～オから選びなさい。**（8点）〔高知―改〕［　　］

ア 雀《すずめ》の涙　イ 鯉《こい》の滝登り
ウ 猫に小判　エ 鶴の一声
オ 鵜《う》の目鷹《たか》の目

3 □ 【慣用句】**慣用句「拍車をかける」の意味を、次のア～オから選びなさい。**（8点）〔海城高―改〕［　　］

ア 物事の進行を保証する。
イ 物事の進行を邪魔する。
ウ 物事の進行を修正する。
エ 物事の進行を一段と早くする。
オ 物事の進行をほかの人に任せる。

4 □ 【慣用句】**次の文の□に入る慣用句を、あとのア～エから選びなさい。**（10点）〔神奈川―改〕［　　］

次第に歌う人の気持ちが□ようにわかるでしょう。

ア 耳につく　イ 手に取る
ウ 胸が裂ける　エ 鼻を鳴らす

5 □ 【慣用句】**次の文の□の中には、「みずから直接する」という意味の慣用句が入る。その慣用句をあとのア～エから選びなさい。**（10点）〔佐賀〕［　　］

自分は□ことはしなかったけれども、間接に破壊していることも多い。

ア 手をつくす　イ 手をくだす
ウ 手を広げる　エ 手を入れる

6 □ 【慣用句】**次の文の意味を表す慣用句を、□にひらがな二字の動詞を入れて完成させなさい。**（10点）〔青森〕

多くのものの中で、格別にすぐれている。
→群を□□

ここをおさえる！

① **慣用句の意味**は辞書などでしっかりと確認して覚えよう。
② 慣用句は意味だけでなく，**用例**も合わせて覚えよう。
③ 故事成語はもとになった出来事をふまえて意味を覚えよう。

7 □ 【慣用句】**慣用句「棚に上げて」の意味を、次のア〜エから選びなさい。**（10点）〔愛知〕

ア 見つからない場所に片付けて
イ 問題にせずそのままにして
ウ 他人に押しつけようとして
エ 尊いものとして毎日あがめて

［　　］

8 □ 【故事成語】**「不入虎穴不得虎子」（「虎穴に入らずんば虎子を得ず」）の意味を、次のア〜エから選びなさい。**（10点）〔鳥取〕

ア 細心の注意を払わなければ、失敗は避けられない。
イ 他人への思いやりがなければ、信頼は得られない。
ウ 危険を冒さなければ、大きな成功は収められない。
エ 長い時間をかけなければ、何事も成し遂げられない。

［　　］

9 □ 【故事成語】**「矛盾」の意味を簡潔に書きなさい。**（10点）〔滋賀―改〕

［　　］

10 □ 【故事成語】**次の会話文中の□に入る言葉を、あとのア〜エから選びなさい。**（8点）〔茨城〕

山田　昨日のテレビドラマの最終回、すごくおもしろかったね。
大野　そうだね。でも、最後のシーンがなければ、もっと想像が膨らんでよかったと思うな。
山田　確かに、あのシーンは□だったね、

ア 圧巻　イ 余地
ウ 蛇足　エ 推敲《すいこう》

［　　］

11 □ 【故事成語】**「五十歩百歩」と意味の似ているものを、次のア〜オから選びなさい。**（8点）〔大阪女学院高〕

ア 月とすっぽん　イ 光陰矢のごとし
ウ 栄枯盛衰　エ 忠言耳に逆らう
オ 大同小異

［　　］

確認しよう！

「気が置けない」は、「遠慮がいらない」という意味。「油断ができない」など逆の意味でとらえないように注意しよう。

［　月　日］

第10日 熟語・熟字訓 ①

時間 20分　合格 80点　得点 ／100

解答→別冊13ページ

1 □ 【構成】「登場」という熟語について、(1)成り立ち（組み立て）を説明したものを、次のア〜エから選びなさい。また、(2)成り立ちが同じ熟語を、あとのオ〜クから選びなさい。（5点×2）（京都）

□(1)［　　］　□(2)［　　］

ア 下の漢字を上の漢字が修飾している。
イ 上の漢字と下の漢字が似た意味を持っている。
ウ 上の漢字と下の漢字の意味が対になっている。
エ 下の漢字が上の漢字の目的や対象を示している。

オ 握手　カ 公私
キ 校庭　ク 平等

2 □ 【熟語作り】次の□に、例のように共通する漢字一字を入れて、それぞれが熟語になるようにしたい。あてはまる漢字一字を書きなさい。（5点）（神奈川）

例 □習　□問　□者　□界　□識……学

□価　□実　□珠　□相　□剣

［　］

---

3 □ 【構成】「攻守」と同じ組み立ての熟語を、次のア〜エから選びなさい。（10点）（都立国立高）［　　］

ア 援助　イ 起床
ウ 功罪　エ 即答

4 □ 【熟語作り】「識」を使った次の例にならい、それぞれ二字の熟語となるように、□の中に入る漢字一字を書きなさい。（5点）（京都）

例
知
↓
認 → 識 → 見
↓
知

縮
↓
構 → □ → 解
↓
面

［　］

5 □ 【意味】次の文中の——線部の意味に最も近い言葉を、あとのア〜エから選びなさい。（10点）（鹿児島）［　　］

判断力を養うには、まず出来あいの観念やおきまり文句を殺りくする（殺すこと）ことから始めなくてはならない。

ア 即席　イ 既成　ウ 粗雑　エ 適当

ここをおさえる!

① 熟語の構成を考えるときは、**熟語を分解して**、それぞれの漢字の意味をとらえよう。

② **音読みを訓読みにする**ことで、漢字の意味が推測しやすくなる。

6 □ **【構成】「執筆」という語を、組み立てに注意して、「読書」→〈書を読む〉のような形に直して四字で書きなさい。**（10点）（秋田）

□□□□

7 □ **【漢字の意味】「吐露」と同じ意味の「露」を含む熟語はどれか。次のア～エから選びなさい。**（10点）（都立青山高）〔　〕

ア 露営　イ 露命

ウ 暴露　エ 甘露

8 **【特殊な読みの漢字】次の——線部の漢字の読み方を、それぞれ書きなさい。**（5点×4）

□ (1) 土産を買う。（　）

□ (2) 昔の栄華の名残。（　）

□ (3) 吹雪の中を帰る。（　）

□ (4) 時雨が降る。（　）

9 □ **【熟語作り】次の文が意味となる二字の熟語を、それぞれあとの（　）の中の漢字を用いて書きなさい。**（5点×2）（青森）

□ (1) 声の調子をおさえたり、あげたりすること。

（陽　揚　迎　場　抑　仰）□□

□ (2) こなごなにくだくこと。

（研　紛　頒　砕　砂　粉）□□

10 □ **【熟語作り】次の文の□には、「物事が予定通りに調子よく進むこと」という意味を持つ四字熟語が入る。その四字熟語を、あとの□の中から四字を選び、適切に組み合わせて書きなさい。**（10点）（高知）

彼は□な人生を送っている。

万・歩・順・調・準・風

班・夫・帆・船・満・序

□□□□

確認しよう!

▼まちがえやすい四字熟語

（○危機一髪　×危機一発）

（○五里霧中　×五里夢中）

（○絶体絶命　×絶対絶命）

（○温故知新　×温古知新）

［　月　日］

熟語・熟字訓 ②

時間 20分　合格 80点　得点 ／100

解答→別冊 14 ページ

1 □ 【構成】**「多数」と構成が同じ熟語を、次のア〜エから選びなさい。**（6点）〔新潟〕

ア 意思　イ 就職　ウ 温泉　エ 増減

［　　］

2 □ 【熟語の読み】**「極細」と同じように、重箱読みをする熟語を、次のア〜エから選びなさい。**（6点）〔北海道〕

ア 若者　イ 所望　ウ 手帳　エ 額縁

［　　］

3 □ 【意味】**次の会話文中の□に共通してあてはまる言葉を、あとのア〜エから選びなさい。**（7点）〔埼玉・20〕

［　　］

Aさん「辞書によると、□の本来の意味は『ある事をするための、ちょうどいい時期』とあります。こういう意味があることを、初めて知りました。」

Bさん「私は、□という言葉は、『ものごとの終わり』という意味だと思っていました。」

ア 終幕　イ 潮時　ウ 時事　エ 挙句

4 □ 【特殊な読みの漢字】**次の――線部の漢字の読み方を、それぞれ書きなさい。**（4点×4）

□ (1) 田舎に帰る。（　　）

□ (2) 木綿の布。（　　）

□ (3) 息子が生まれる。（　　）

□ (4) 梅雨の季節。（　　）

5 □ 【構成】**次の四字の熟語のうち、「大器晩成」のように、上の二字と下の二字とが主語・述語の関係になっているものはどれか。次のア〜エから選びなさい。**（6点）〔栃木〕

ア 我田引水　イ 生活水準　ウ 用意周到　エ 需要供給

［　　］

6 □ 【三字熟語の構成】**次の三字からなる熟語のうち、熟語の成り立ちが「最高峰」と同じものはどれか。次のア〜エから選びなさい。**（6点）〔栃木〕

ア 不可欠　イ 有意義　ウ 特効薬　エ 雪月花

［　　］

ここをおさえる！

① 四字熟語には**漢数字**を使ったものが数多くあるため，まとめて覚えるようにしよう。

② 熟字訓は漢字の一字一字の読みではなく，熟語単位で覚えよう。

7 □ 【意味・完成】**次のア～クの語を結びつけて、「自分のした悪いことのためには、自分の身にその報いを受けること」という意味の四字熟語を完成させなさい。正しい語順になるようにその記号を書くこと。**（7点）〔神奈川〕

［　・　］

ア 自得　イ 自給　ウ 自問　エ 自賛
オ 自答　カ 自業　キ 自画　ク 自足

8 【熟語の完成】**□の部分に漢字一字を入れて、それぞれ四字の熟語を完成させなさい。**（4点×6）

□(1) □横無尽　□(2) 言語□断
□(3) □捨選択　□(4) 一石二□
□(5) 主□転倒　□(6) □刀直入

9 【熟語作り】**三字の熟語になるように、次の**A**・**B**に入る、「無意識」の「無」のような接頭語を書きなさい。**（4点×2）〔石川〕

□A［　　］　□B［　　］

注文の品はまだA完成だが、期日までに仕上げるのはB可能ではない。

10 □ 【熟語作り】**次の文中の□にあてはまる言葉を、あとのア～エから選びなさい。**（7点）〔愛知〕

［　　］

叔父は温厚□な人柄で、誰からも慕われている。

ア 折衷　イ 倹約　ウ 一遇　エ 篤実

11 □ 【意味】**「融通無碍《むげ》」の意味として最も適切なものを、次のア～エから選びなさい。**（7点）〔大阪〕

［　　］

ア 後先を考えないで猛然と突き進むこと。
イ 思考や行動が何にもとらわれず自由なこと。
ウ 他に心を動かされず一つのことに集中すること。
エ 長年受け継がれてきた伝統やしきたりを守ること。

確認しよう！

三字熟語には、接頭語「無」「不」「非」「未」がつくものがあり、それぞれのあとにつく熟語は決まっていることが多い。
「未」→未経験・未確認　「不」→不満足・不本意
「無」→無関心・無責任　「非」→非公式・非課税

総仕上げテスト ①

時間 30分
合格 80点
得点 ／100
［ 月 日］

解答→別冊15ページ

1 次の——線部の漢字の正しい読みをひらがなで書きなさい。（3点×5）〔滋賀〕

□ (1) 光沢のある素材を選ぶ。（　　）
□ (2) 教室の床を拭く。（　　）
□ (3) ボールが弾む。（　　）
□ (4) お客様のご意見を承る。（　　）
□ (5) 応援歌で選手を鼓舞する。（　　）

2 次の——線部のかたかなの部分を、楷書《かいしょ》で漢字に直して書きなさい。（3点×5）〔青森〕

□ (1) 体の中のゾウキの働きを勉強する。（　　）
□ (2) カンダンの差が激しい。（　　）
□ (3) 方位ジシンを購入する。（　　）
□ (4) 物音に驚いて馬がアバれる。（　　）
□ (5) サイワいなことに雨がやんだ。（　　）

□ **3** 「意識改革をはかる」の——線部と同じ漢字を用いるものを、次のア〜エから選びなさい。（5点）〔福岡〕

ア 体重をはかる。
イ 相手の気持ちをはかる。
ウ 問題の決着をはかる。
エ 時間をはかる。

［　　］

4 次の文中の——線部のかたかなを漢字で表したとき、その漢字と同じ漢字を含むものを、それぞれあとのア〜エから選びなさい。（5点×2）〔神奈川〕

□ (1) エンチュウの体積を求める。
ア ピアノをエンソウする。
イ 会議をエンカツに進める。
ウ 友人とソエンになる。
エ ガンエンを料理に使う。

［　　］

□ (2) 会員としてトウロクする。
ア 富士山のトウチョウに成功する。
イ 伝家のホウトウを抜く。
ウ 熊がトウミンする。
エ 国会でトウシュが討論を行う。

［　　］

5 □ **「感情的」の反意語を、次のア～エから選びなさい。**（5点）（山形）〔　　〕

ア 理性的　イ 意識的
ウ 建設的　エ 機械的

6 □ **次の□内の文は行書で書かれている。楷書で書くときと筆順が異なる漢字を、あとのア～オからすべて選びなさい。**（6点）（奈良）〔　　〕

山の緑に花の色が映える。

ア 山　イ 緑　ウ 花
エ 色　オ 映

7 □ **次の文中の――線部の慣用句の中で、使い方が正しくないものを、ア～オから選びなさい。**（7点）（福島）〔　　〕

ア 先輩からかけられた言葉を心に刻む。
イ 現実の厳しさを知り襟を正す。
ウ 彼の日々の努力には頭が下がる。
エ 大切な思い出を棚に上げる。
オ 研究の成果が認められ胸を張る。

8 **次の□にあてはまる故事成語をあとの□からそれぞれ選び、漢字に直して書きなさい。**（5点×5）（明治大付属中野高―改）

□ (1) □ですが、一言申し上げます。〔　　〕
□ (2) この賞はスターへの□だ。〔　　〕
□ (3) 彼は□型の人間だ。〔　　〕
□ (4) 適度の運動は健康を□する。〔　　〕
□ (5) どこから勉強すればよいのかも分からず、□だ。〔　　〕

しゅしゅ・はてんこう・とうりゅうもん
じょちょう・ごりむちゅう・ちょうさんぼし
だそく・せんりがん・たいきばんせい

9 □ **「利害」と熟語の構成（組み立て）が同じものを、次のア～オからすべて選びなさい。**（6点）（岡山）〔　　〕

ア 懸命　イ 加減　ウ 記録
エ 動揺　オ 進退

10 □ **「自明」と同じ意味で「自」が使われている熟語を、次のア～エから選びなさい。**（6点）（法政大国際高）〔　　〕

ア 自賛　イ 自炊《じすい》　ウ 自動　エ 自治

総仕上げテスト②

［　月　日］

時間 30分　合格 80点　得点 ／100

解答→別冊17ページ

1 次の文中の――線部の漢字の読み方を、ひらがなで書きなさい。また、――線部のかたかなの部分を、漢字に直して書きなさい。（3点×8）〔福島〕

□(1) 穏やかな天気が続く。（　　）
□(2) 賛成が大半を占める。（　　）
□(3) 彼は寡黙な人だ。（　　）
□(4) 詳細な報告を受ける。（　　）
□(5) 海面に釣り糸をタらす。（　　）
□(6) 友人に本をカりる。（　　）
□(7) 研究のリョウイキを広げる。（　　）
□(8) 予想以上にフクザツな問題だ。（　　）

2 次の――線部のかたかなの部分を漢字で表したとき、その漢字と同じ漢字が使われている熟語を、それぞれあとのア～エから選びなさい。（5点×2）〔青森〕

□(1) 月の満ちカけを観察する。［　　］
ア 出欠　**イ** 図書
ウ 懸命　**エ** 駆使

□(2) 質問ジコウを手帳にまとめる。［　　］
ア 巧妙　**イ** 項目
ウ 効果　**エ** 郊外

3 □ 「臨戦たいせいが解かれる」の――線部を漢字に直したとき、同じ熟語になるものを、次のア～エから選びなさい。（6点）〔静岡〕［　　］

ア 産業革命が進み、資本主義体制が確立する。
イ 長年の努力が実り、作曲家として大成する。
ウ 不測の事態に備えて、万全の態勢をとる。
エ 雪解けのぬかるみに足を取られたことで、体勢が崩れる。

4 □ 次の行書で書かれた漢字について、楷書《かいしょ》で書いたときの総画数を算用数字で答えなさい。（5点）〔高知〕［　　］

5 「手を焼いている」は、どのような様子を表現したものか。次のア〜エから選びなさい。（6点）〔広島〕［　　］
ア　いい加減な気持ちで対処している様子。
イ　対処や処理に苦労している様子。
ウ　密《ひそ》かに人を使って調べたり、働きかけたりしている様子。
エ　将来を予測して対策が立てられている様子。

6 「舌を巻く」の意味を、次のア〜オから選びなさい。（6点）〔熊本〕［　　］
ア　憤慨する　イ　驚嘆する　ウ　動揺する
エ　緊張する　オ　自嘲する

7 「装飾」と熟語の構成が同じものを、次のア〜エから選びなさい。（6点）〔大阪〕［　　］
ア　疾走　イ　到着　ウ　撮影　エ　抑揚

8 次のア〜オの四字熟語のうち、「悪戦苦闘」のように、意味の似た二字の熟語を重ねたものをすべて選びなさい。（6点）〔鳥取〕［　　］
ア　公明正大　イ　自画自賛　ウ　起承転結
エ　意気消沈　オ　唯一無二

9 「言動がでたらめで根拠のないこと」という意味を持つ四字熟語を、次のア〜エから選びなさい。（6点）〔高知〕［　　］
ア　竜頭蛇尾　イ　深謀遠慮
ウ　虚々実々　エ　荒唐無稽

10 次の四字熟語には、A・Bそれぞれに一字ずつ誤りがある。例のようにそれぞれの正しい漢字を組み合わせて、二字の熟語を作りなさい。（5点×5）〔明治大付属中野高―改〕

例　A　短刀直入（「短」が「単」の誤り）
　　B　大言壮吾（「吾」が「語」の誤り）　答え　単語

(1)　A　疑心暗気　B　彩色兼備
(2)　A　雲産霧消　B　危機一発
(3)　A　一鳥一夕　B　通過儀令
(4)　A　古事来歴　B　親類援者
(5)　A　周人環視　B　高平無私

試験における実戦的な攻略ポイント５つ

①問題文をよく読もう！

問題文をよく読み，意味の取り違えや読み間違いがないように注意しよう。
選択肢問題や計算問題，記述式問題など，解答の仕方もあわせて確認しよう。

②解ける問題を確実に得点に結びつけよう！

解ける問題は必ずある。試験が始まったらまず問題全体に目を通し，自分の解けそうな問題から手をつけるようにしよう。くれぐれも簡単な問題をやり残ししないように。

③答えは丁寧な字ではっきり書こう！

答えは，誰が読んでもわかる字で，はっきりと丁寧に書こう。
せっかく解けた問題が誤りと判定されることのないように注意しよう。

④時間配分に注意しよう！

手が止まってしまった場合，あらかじめどのくらい時間をかけるべきかを決めておこう。

解けない問題にこだわりすぎて時間が足りなくなってしまわないように。

⑤答案は必ず見直そう！

できたと思った問題でも，誤字脱字，計算間違いなどをしているかもしれない。ケアレスミスで失点しないためにも，必ず見直しをしよう。

受験日の前日と当日の心がまえ

前日

- 前日まで根を詰めて勉強することは避け，暗記したものを確認する程度にとどめておこう。
- 夕食の前には，試験に必要なものをカバンに入れ，準備を終わらせておこう。
  また，試験会場への行き方なども，前日のうちに確認しておこう。
- 夜は早めに寝るようにし，十分な睡眠をとるようにしよう。もし翌日の試験のことで緊張して眠れなくても，遅くまでスマートフォンなどを見ず，目を閉じて心身を休めることに努めよう。

当日

- 朝食はいつも通りにとり，食べ過ぎないように注意しよう。
- 再度持ち物を確認し，時間にゆとりをもって試験会場へ向かおう。
- 試験会場に着いたら早めに教室に行き，自分の席を確認しよう。また，トイレの場所も確認しておこう。
- 試験開始が近づき緊張してきたときなどは，目を閉じ，ゆっくり深呼吸しよう。

解答・解説

高校入試 10日でできる 漢字

第1日 最もよく出る漢字①

▼4~5ページ

1 読み

①あつ
②ゆる
③いさ
④いど
⑤にぎ
⑥くわだ
⑦はなは
⑧つつし
⑨かわ
⑩ため
⑪ふち
⑫ただ
⑬しんらい
⑭ふんべつ
⑮ふしぎ
⑯らくちゃく
⑰もよう
⑱すんか
⑲しゅうぜん
⑳るいじ
㉑かんゆう
㉒りょうよく
㉓たんねん
㉔きょうめい
㉕ちょうじょう

2 書き

①罪
②胸
③節
④曲
⑤栄
⑥肥
⑦承
⑧熟
⑨株
⑩裁
⑪軽
⑫射
⑬統治
⑭破竹
⑮筋道
⑯親善
⑰口調
⑱討論
⑲呼吸
⑳創刊
㉑式典
㉒候補
㉓気象
㉔伝達
㉕領域

ミス注意!

1 ⑭物事をわきまえる意味では「ふんべつ」と読み、「ゴミを分別する」など、種類ごとに区別する意味では「ぶんべつ」と読む。

2 ③「節」、⑮「筋」は形が似ているので気をつけよう。

最もよく出る漢字②

▼6~7ページ

1 読み

①ちが
②うった
③そむ
④なが
⑤あざ
⑥すべ
⑦もち
⑧はぐく
⑨ゆだ
⑩ゆ
⑪え
⑫ひき
⑬とうちゃく
⑭かんせい
⑮うか
⑯ごくじょう
⑰こうげん
⑱ぼうかん
⑲つど
⑳ぎょうしゅく
㉑じょじょ
㉒しんちょう
㉓やおもて
㉔たすう
㉕べんぜつ

ひっぱると、はずして使えます。

2 書き

①館 ②他 ③冷 ④染 ⑤務 ⑥私 ⑦祝 ⑧描 ⑨枠 ⑩研 ⑪従 ⑫志 ⑬典型 ⑭予測 ⑮由来 ⑯演劇 ⑰郵送 ⑱節約 ⑲希望 ⑳財宝 ㉑頭角 ㉒名言 ㉓快挙 ㉔提供 ㉕発達

第2日

最もよく出る漢字③ ▼8～9ページ

1 読み

①ととの ②おもむき ③こ ④こ ⑤つく ⑥かか ⑦かなめ ⑧から ⑨かんが ⑩ふ ⑪しゅん ⑫ふる ⑬ちょうせん ⑭いえじ ⑮とくしん ⑯ひじゅん ⑰ゆうどう ⑱せんめい ⑲けいりゅう ⑳かいせい ㉑えつらん ㉒そんちょう ㉓きたい ㉔きゅうてい ㉕ひろう

2 書き

①吸 ②管 ③辞 ④絹 ⑤軽 ⑥蔵 ⑦礼 ⑧呼 ⑨貧 ⑩占 ⑪基 ⑫磨 ⑬整然 ⑭貿易 ⑮就航 ⑯優先 ⑰製造 ⑱革命 ⑲展示 ⑳君臨 ㉑刷新 ㉒偶然 ㉓磁石 ㉔予告 ㉕緑茶

最もよく出る漢字④ ▼10～11ページ

1 読み

①つちか ②か ③ふ ④よご ⑤およ ⑥せま ⑦さえぎ ⑧とどこお ⑨の ⑩いき ⑪まかな ⑫すた ⑬くし ⑭そえん ⑮くったく ⑯りんかく ⑰ぼうだい ⑱そっせん ⑲こじ ⑳まんきつ ㉑しんぎ ㉒けんまく ㉓いげん ㉔とうすい ㉕はもん

2 書き

①納 ②掘 ③惜 ④浅 ⑤鏡 ⑥働 ⑦養 ⑧漏 ⑨掲 ⑩積 ⑪細 ⑫察 ⑬展望 ⑭適切 ⑮充実 ⑯周囲 ⑰知識

⑱電源 ⑲批評 ⑳専念 ㉑復権 ㉒負担 ㉓横暴 ㉔昨晩 ㉕系統

第3日

最もよく出る漢字⑤

▼12~13ページ

1 読み

①つい ②きそ ③かたよ ④おお ⑤おそ ⑥あつか ⑦いとな ⑧うるお ⑨うなが ⑩くわ ⑪もっぱ ⑫す ⑬ぎょうし ⑭けはい ⑮せっちゅう ⑯かんわ ⑰けいだい ⑱じゅんすい ⑲もさく ⑳にゅうわ ㉑えもの ㉒おせん ㉓こうたく ㉔よか ㉕ひかく

2 書き

①訪 ②厳 ③預 ④快 ⑤支 ⑥済 ⑦健 ⑧責 ⑨備 ⑩耕 ⑪困 ⑫沿 ⑬危険 ⑭興奮 ⑮存在 ⑯複雑 ⑰郵便 ⑱吸収 ⑲延期 ⑳貴重 ㉑安易 ㉒過程 ㉓原因 ㉔地域 ㉕順序

ミス注意!

2 ⑯「複」のへんに注意。「礻」と書かないように。

最もよく出る漢字⑥

▼14~15ページ

1 読み

①たずさ ②ちぢ ③なぐさ ④いそが ⑤いちじる ⑥お ⑦おど ⑧と ⑨さそ ⑩の ⑪ひた ⑫は ⑬かくとく ⑭きふく ⑮くちょう ⑯げんみつ ⑰きょうしゅう ⑱ごういん ⑲きかく ⑳きんこう ㉑けいさい ㉒ふきゅう ㉓しょうちょう ㉔どくせん ㉕とうひ

2 書き

①任 ②編 ③許 ④刻 ⑤操 ⑥補 ⑦険 ⑧届 ⑨確 ⑩誤 ⑪比 ⑫厚 ⑬可能 ⑭関心 ⑮拡張 ⑯勤務 ⑰規模 ⑱招待 ⑲筋肉 ⑳経験 ㉑効果 ㉒構成 ㉓条件 ㉔優勝 ㉕感謝

第4日

よく出る漢字①

▼16～17ページ

1 読み

①だま
②つの
③くず
④しめ
⑤は
⑥かえり
⑦もよお
⑧やわ
⑨ゆ
⑩く
⑪そこ
⑫きわ
⑬きんちょう
⑭さっそく
⑮じんりょく
⑯しゅんかん
⑰せっしょく
⑱したく
⑲さっかく
⑳ほうふ
㉑せいじゃく
㉒しょうさい
㉓いらい
㉔はかい
㉕てんが

2 書き

①積
②整
③競
④似
⑤朗
⑥幹
⑦難
⑧優
⑨営
⑩勤
⑪危
⑫幼
⑬容易
⑭講演
⑮将来
⑯需要
⑰準備
⑱対象
⑲忠告
⑳展覧
㉑背景
㉒綿密
㉓観衆
㉔看板
㉕雑誌

よく出る漢字②

▼18～19ページ

1 読み

①はな
②あわ
③う
④けわ
⑤こご
⑥すす
⑦すみ
⑧たく
⑨ただよ
⑩つ
⑪つど
⑫たず
⑬そまつ
⑭そうさ
⑮はんきょう
⑯はんも
⑰ちんちょう
⑱ていけい
⑲ていさい
⑳びみょう
㉑びょうしゃ
㉒ふんがい
㉓むじゅん
㉔せいぎょ
㉕がまん

2 書き

①痛
②著
③移
④決
⑤傷
⑥推
⑦試
⑧退
⑨保
⑩縮
⑪暮
⑫染
⑬予知
⑭引率
⑮故障
⑯快活
⑰簡単
⑱帰省
⑲規則
⑳期待
㉑興味
㉒疑問
㉓夢中
㉔防護
㉕訪問

第5日

よく出る漢字③

▼20～21ページ

1 読み

①にご
②のぞ
③へだ
④ほこ
⑤まぎ
⑥めぐ
⑦こうむ
⑧さと
⑨つ
⑩きも
⑪こ

⑫ は
⑬ なっとく
⑭ ぶんせき
⑮ まんさい
⑯ てんさく
⑰ みりょく
⑱ よくあつ
⑲ いげん
⑳ しょくぼう
㉑ ゆかい
㉒ けんあん
㉓ しんぼく
㉔ さいくつ
㉕ はいせき

2 書き

① 努
② 閉
③ 防
④ 減
⑤ 欲
⑥ 導
⑦ 並
⑧ 果
⑨ 争
⑩ 述
⑪ 慕
⑫ 据
⑬ 検討
⑭ 意図
⑮ 困難
⑯ 識別
⑰ 想像
⑱ 専門
⑲ 成功
⑳ 垂直
㉑ 栄達
㉒ 宇宙
㉓ 博覧
㉔ 判断
㉕ 恐怖

ミス注意!

2 ①「努める」は、「務める」（本文6ページ **2** ⑤）、「勤める」（本文16ページ **2** ⑩）との使い分けを、用例や意味をもとに確認しておこう。

よく出る漢字 ④

▼22〜23ページ

1 読み

① ね
② えが（か）
③ おか
④ かたむ
⑤ はず
⑥ きた
⑦ う
⑧ あ
⑨ ひき
⑩ く
⑪ もど
⑫ さ
⑬ ちょうこう
⑭ いぶき
⑮ おんけい
⑯ かんしょう
⑰ きろ
⑱ ぎょうけつ
⑲ きぼ
⑳ きょだく
㉑ けんま
㉒ こっけい
㉓ かいしゃく
㉔ みゃくらく
㉕ もうら

2 書き

① 設
② 寄
③ 空
④ 和
⑤ 修
⑥ 欠
⑦ 照
⑧ 望
⑨ 鋭
⑩ 叫
⑪ 柿
⑫ 割
⑬ 到達
⑭ 発展
⑮ 軽減
⑯ 発揮
⑰ 悲鳴
⑱ 評判
⑲ 弁護
⑳ 散策
㉑ 圧巻
㉒ 至極
㉓ 分担
㉔ 挨拶
㉕ 確保

ミス注意!

1 ⑭「いぶき」は特別な読み方。㉒「滑」の音読みは「カツ」と「コツ」があるので、気をつけよう。

2 ③「空ける」と「開ける」、⑤「修める」と「治める」「収める」「納める」の使い分けを整理しておこう。用例で覚えると身につきやすい。⑲「護」のような画数の多い漢字は正確に覚え、わかりやすくはっきりと書こう。

第6日 よく出る漢字⑤ ▼24〜25ページ

1 読み

①ころ ②こば ③し ④すこ ⑤せま ⑥よそお ⑦つぐな ⑧つつし ⑨つか ⑩つくろ ⑪さず ⑫かく ⑬こうみょう ⑭じゅうたい ⑮かんしょく ⑯ぎんみ ⑰きみょう ⑱きょうい ⑲きんきゅう ⑳けいこう ㉑けいき ㉒きょぎ ㉓きせき ㉔しょうだく ㉕ふきゅう

2 書き

①省 ②就 ③催 ④救 ⑤群 ⑥配 ⑦騒 ⑧勧 ⑨残 ⑩費 ⑪秘 ⑫絶 ⑬往来 ⑭観測 ⑮永遠 ⑯印刷 ⑰許可 ⑱責任 ⑲軽快 ⑳混乱 ㉑素直 ㉒宣伝 ㉓遺産 ㉔故郷 ㉕視野

よく出る漢字⑥ ▼26〜27ページ

1 読み

①きざ ②なご ③ふる ④へ ⑤とぼ ⑥いた ⑦な ⑧やさ ⑨た ⑩ととの ⑪なめ ⑫ひそ ⑬けんしん ⑭げんしょう ⑮こんきょ ⑯こくふく ⑰けいはく ⑱ちつじょ ⑲げいごう ⑳さくいん ㉑こうかい ㉒けんご ㉓じょうと ㉔かいこ ㉕しゅうねん

2 書き

①拾 ②臨 ③撮 ④隔 ⑤練 ⑥温 ⑦触 ⑧認 ⑨直 ⑩浴 ⑪洗 ⑫拝 ⑬全般 ⑭獲得 ⑮相談 ⑯素材 ⑰値段 ⑱肥料 ⑲設備 ⑳満足 ㉑簡潔 ㉒恩恵 ㉓姿勢 ㉔加減 ㉕蒸発

第7日 差がつく漢字① ▼28〜29ページ

1 読み

①まか ②おちい ③みにく ④いこ ⑤ほま ⑥むら ⑦はか ⑧うかが ⑨ほどこ ⑩おだ ⑪あわ

⑫ つらぬ
⑬ いしょく
⑭ しゅうとく
⑮ けいしょう
⑯ しんせい
⑰ いじ
⑱ さくげん
⑲ こうけん
⑳ すいこう
㉑ とくしか
㉒ しんとう
㉓ しゅうかく
㉔ ふにん
㉕ けつぼう

2 書き

① 誇
② 帯
③ 散
④ 潔
⑤ 告
⑥ 勢
⑦ 借
⑧ 異
⑨ 迷
⑩ 覚
⑪ 固
⑫ 治
⑬ 観察
⑭ 装置
⑮ 救急
⑯ 栽培
⑰ 習慣
⑱ 操作
⑲ 都合
⑳ 停滞
㉑ 未知
㉒ 燃焼
㉓ 温厚
㉔ 確認
㉕ 権利

ミス注意!

2 ⑯「栽培」の「栽」を、「裁判」の「裁」と書かないように注意しよう。

差がつく漢字 ②

▼30〜31ページ

1 読み

① ひか
② ともな
③ さと
④ はぶ
⑤ さまた
⑥ ふく
⑦ さ
⑧ いきどお
⑨ おこた
⑩ ふ
⑪ おもむ
⑫ はげ
⑬ かんせい
⑭ くっし
⑮ しんこう
⑯ ぎゃくたい
⑰ だきょう
⑱ こうそく
⑲ そうしつ
⑳ そち
㉑ そくばく
㉒ たいだ
㉓ ふんさい
㉔ せんさい
㉕ そぼく

2 書き

① 豊
② 敬
③ 裏
④ 除
⑤ 囲
⑥ 笑
⑦ 芽
⑧ 延
⑨ 親
⑩ 再
⑪ 招
⑫ 築
⑬ 納得
⑭ 創造
⑮ 往復
⑯ 清潔
⑰ 価値
⑱ 機会
⑲ 就職
⑳ 修養
㉑ 演奏
㉒ 減少
㉓ 街路
㉔ 痛感
㉕ 推定

ミス注意!

1 ⑨「怠」には「おこた-る」「なま-ける」、⑩「触」には「ふ-れる」「さわ-る」という訓読みがある。送り仮名に注意して正しく読もう。それぞれ、「怠《おこた》る」「怠《なま》ける」「触《ふ》れる」「触《さわ》る」。

2 ⑭「はじめてつくる」「神が宇宙・万物をつくる」という意味の「ソウゾウ」は、「創造」。⑱の「キカイ」は「チャンス」という意味なので、「機会」。それぞれ、「想像」「機械」との使い分けに注意しよう。

第8日

同音・同訓の漢字

▼32〜33ページ

1 (1)**歓・関** (2)**及・求** (3)**務・努** (4)**絶・裁**

2 **エ**

3 **エ**

4 (1)**エ** (2)**ア** (3)**イ** (4)**エ**

5 (1)**ア** (2)**ウ** (3)**オ** (4)**エ**

6 **ウ**

7 **ウ**

解説

この2ページの問題は、漢字の意味を正確に押さえておかなければならないものばかりである。漢字は、読みを持つと同時に、意味を持った文字であるから、できるだけ**辞書を活用して、正確な意味を押さえ**ながら学習しよう。

また、漢字は同音異字が多いことが特徴の一つである。それぞれの漢字を理解して書き分けるためには、どうしても意味をふまえる必要があるので、めんどうがらず、前述したように**辞書を引く習慣**を身につけておこう。そうすることで、文章の前後関係から意味を類推する力もだんだんついてくる。

1 それぞれの意味を調べてみよう。

(1)「歓心」とは、よろこぶこと。「歓心を買う」で、相手に気に入られようとすること。「関心」とは、注意を向けること。

(2)「追及」とは、問いつめること。「追求」とは、追い求めること。

(3)「務める」とは、役割を引き受けてすること。「努める」とは、努力して行うこと。

(4)「絶つ」とは、関係を切ること。「裁つ」とは、裁断すること。

これらの漢字には、ほかにも同音・同訓の漢字があるので、文の意味から使う漢字を正しく選ぼう。**熟語は訓読みに、訓読みは近い意味の熟語**を考えることで、正しい漢字を推測できる。

2 「比類がない」とは、比べるものがないこと。

3 **ア**は「材料」、**イ**は「草や木の種子のこと」、**ウ**は「なたねという植物の名の一部」、**エ**は「しかけの秘密のこと」。

4 (1)「就寝」という熟語を思い浮かべよう。

(2)「快方に向かう」とは、よくなるほうに向かうこと。

(3)「規制」は、物事を制限すること。

(4)「意向」は、考えや思惑のこと。

5 (1)「動機」。**ア**「言動」、**イ**「報道」、**ウ**「洞察」、**エ**「同乗」、**オ**「殿堂」

(2)「真剣」。**ア**「特権」、**イ**「倹約」、**ウ**「剣士」、**エ**「検討」、**オ**「文献」

(3)「効率」。**ア**「均衡」、**イ**「芳香」、**ウ**「鉱石」、**エ**「構想」、**オ**「実効」

(4)「過酷」。**ア**「渓谷」、**イ**「克服」、**ウ**「密告」、**エ**「酷似」、**オ**「穀物」

それぞれ意味をとらえて、正しく書き分けよう。

6 「権利を侵す」と書く。「犯す」「冒す」との使い分けに注意する。「犯す」「冒す」の用例には、「あやまちを犯す」「危険を冒す」などがある。**ア**は「進行」、**イ**は「振興」、**ウ**は「侵攻」、**エ**は「親交」。

7 「世間体」は「セケンテイ」と読む。この「体」を「タイ」と読まないように注意しよう。**ア**は「キャクタイ」、**イ**は「タイトク」、**ウ**は「テイサイ」、**エ**は「タイゲン」、**オ**は「キンタイシ」と読む。このように複数の読みがあるものは、例となる熟語をいくつか覚えておくとよい。

ミス注意！

7 「体」には、「**タイ**」「**テイ**」という二つの音読みがある。このように、**複数の読み**がある漢字に注意する。出てきたものは一つずつ覚えていこう。

例「外」の音読み ①「ガイ」（外国） ②「ゲ」（外科）
「幸」の訓読み ①「さいわ-い」 ②「さち」 ③「しあわ-せ」

第8日 同意語・反意語

▼34～35ページ

1 エ
2 イ
3 ア
4 (1) 道路 (2) 愛憎 (3) 得失 (4) 巨大
5 オ
6 (1) 文 (2) 空
7 ウ
8 必
9 原因
10 ウ
11 無事

解説

この2ページの問題も、漢字の意味に加えて熟語の意味が正確に理解されていなければ、正しい解答ができないだろう。繰り返しになってしまうが、やはりつねに国語の学習時には辞書を手もとにおいて、努めて辞書を引く習慣をつけて欲しい。**漢字や熟語の正確な意味をつかんでいる人ほど、あて字を書くことも少なくなる。**

1 それぞれの**言葉の意味をはっきりさせよう。**「意のまま」とは、物事が思いどおりになること。**ア**「容易」とは、簡単なこと。**イ**「得意」とは、自分の思いどおりになって満足すること・じょうずなこと・ほこらしそうなさま。**ウ**「気楽」とは、のんびりしていること。**エ**「自在」とは、自分の思うままにできること。

2 「当意即妙」とは、その状況において機転をきかせた対応をすること。

3 「理にかなう」とは、理屈にあうこと。ここでの「理」は、物事のことわりを表している。

5 「容易」の読みは、「ようい」。**ア**「かんい」、**イ**「へいい」、**ウ**「あんい」、**エ**「なんい」、**オ**「ぼうえき」。「易」を「い」と読む場合の意味は、「やさしい・手間がかからない」。「えき」と読む場合は、「変える・取り替える」などの意味を表す。

6 (1)「未開」とは、文明がまだ発達していない、未開拓のことを表すため、ここでは「文明」が反対の意味の熟語となる。
(2)ここでの「お題目」とは、口先だけで、実質的な内容のない主張のこと。現実的でなく、役に立たない論理のことを表す「空論」が同じ意味の熟語であり、「机上の空論」などのように用いる。

7 「難ずる」とは、相手を悪く言うこと。**ア**「難易」、**イ**「苦難」、**エ**「難民」の「難」は、難しい・苦労することという意味。**ウ**「非難」とは、相手の欠点などを責めること。

10 「一点張り」とは、一つのことだけを押し通すこと。**ウ**「一知半解」とは、よく理解しておらず、少しばかり知っている状態であること。

ミス注意！

8・**9** 代表的な反意語は、組み合わせを覚えておこう。

例 絶対↔相対　保守↔革新　悲観↔楽観
抽象↔具体　理論↔実践　特殊↔普通（一般）
分析↔総合　肯定↔否定　平凡↔非凡
権利↔義務　理想↔現実　需要↔供給

第9日 部首・筆順・画数

▼36〜37ページ

1 (1) 5　(2) 5　(3) 7
2 そうにょう
3 エ
4 (1) ウ　(2) イ
5 (1) ぎょうにんべん　(2) りっとう　(3) てへん　(4) りっしんべん
6 イ
7 ア
8 (1) エ　(2) 14
9 (1) 3　(2) 3
10 A やまいだれ　B 12

解説

日ごろから**筆順に関心を持って覚えておく**こと。基本的なものを覚えれば応用がきくので、参考書や教科書に出ているものは、書いて練習すること。あわせて、部首名も覚えるようにしよう。

1 (1)「二　三　亍　工　式　式」……「武・弐」も同じ要領である。

(2)「丿　亻　仁　仃　何　何」……「可・河・歌」も同じ要領である。

(3)「丶　丷　宀　穴　究　究」……「九・丸・雑」も同じ要領である。

2 楷書で書くと部首の形がはっきりする。「越」の部首は「走（そうにょう）」の部分。

3 行書では、**点画の省略・筆順の変化**などがあり、楷書と字形が異なるものもあるので気をつけよう。それぞれ楷書で正しく一画ずつ丁寧に書くことで、総画数を確認することができる。部首である「木（きへん）」「雨（あめかんむり）」「艹（くさかんむり）」「糸（いとへん）」の字形に注意する。「遠」と「続」は13画。**ア**「様」は14画、**イ**「震」は15画、**ウ**「葉」は12画。

4 (1)「さんずい（氵）」と「てへん（扌）」を**ア**～**エ**の漢字すべてにつけてみること。

5 **主な部首は完全に覚える**ようにしよう。

6 「イ細」は「委細」と書く。「委細」とは、くわしいこと。「女」の部分の画数が3画であることに気をつけよう。

7 「旁」は漢字の右側の部分である。**ア**「頭」は、右側の「頁（おおがい）」が部首。**イ**「然」の部首は「灬（れんが・れっか）」。**ウ**「秋」の部首は「禾（のぎへん）」。**エ**「起」の部首は「走（そうにょう）」。

8 熟語は「複合」。**ア**「和」、**イ**「福」、**ウ**「松」、**エ**「被」。行書体では点画が省略され、「複」「被」の偏が「福」の偏と同じ形になっているが、「複」「被」は「衤（ころもへん）」、「福」は「礻（しめすへん）」である。

9 それぞれ楷書で正しく書こう。

(1)「惜」は「丶　丶　忄　忄一　忄十　忄廾　惜　惜　惜」なので、3画目。

(2)「乗」は「一　二　三　千　乒　乒　垂　乗　乗」なので、3画目。

10 「痛」の部首は「疒（やまいだれ）」。総画索引では、漢字の総画数で調べる。

ミス注意！

3 **まちがえやすい画数の部首**に注意する。

例 辶（しんにょう・しんにゅう）……3画

廴（えんにょう）……3画

匚（はこがまえ）……2画

第9日 慣用句・故事成語

▼38～39ページ

1 エ

2 ア

3 エ

4 イ

5 イ
6 ぬく
7 イ
8 ウ
9 例前後のつじつまが合わないこと。
10 ウ
11 オ

解説

最近は、視覚に訴える傾向の本や雑誌が多くなっているが、できるだけ努力して**文章を読む習慣をつけ、いろいろな言葉を覚えるようにしよう。**

1 「大きな顔をする」という慣用句の意味は、たいして偉くもないのに、威張った態度をとること。ここでは、猫が威張っていることを表しているので、**エ**「態度」を選ぶ。「顔」の代わりに選んだ言葉をあてはめて、意味が変わらず通じればよい。

2 それぞれの意味を調べよう。**ア**「雀の涙」とは、ほんのわずかであること。**イ**「鯉の滝登り」とは、勢いがよいことや出世することのたとえ。**ウ**「猫に小判」とは、価値のわからないものに与えては役に立たないこと。**エ**「鶴の一声」とは、話し合いの場をまとめる、優れた人物の一声のこと。**オ**「鵜の目鷹の目」とは、獲物を狙う鵜や鷹のように、何かを探し出そうとする鋭い目つきのこと。

4 「手に取るよう」とは、目の前にあるかのように、聞こえたり見えたりするさま。**ア**「耳につく」とは、音や声が耳ざわりで、気になること。**ウ**「胸が裂ける」とは、苦しみや悲しみで胸が苦しくなること。**エ**「鼻を鳴らす」とは、鼻にかかったような甘えた声を出すこと。また、不満を表すこと。

5 「みずから直接そのことをしていないが、間接的に……」という文脈であるから、あらゆる手段を試みること。その点から考える。**ア**「手をつくす」とは、あらゆる手段を試みること。**ウ**「手を広げる」とは、仕事などをする範囲を広げること。**エ**「手を入れる」とは、よい状態にするために直すこと。

6 「抜群の成績」などというときの、「抜群」にあたる。

7 「棚に上げる」とは、自分にとって不都合なことを無視すること。「自分のことを棚に上げて相手を批判する」などと使う。

9 **学校の教科書に掲載されている故事成語は、高校入試での出題頻度も高いので、意味をしっかりと覚えておこう。**

10 「蛇足」は、昔の中国で絵を描く勝負をしたときに生まれた言葉で、つけ加える必要がないもののこと。**ア**「圧巻」、**エ**「推敲」も故事成語。「圧巻」は、物事の中で最もすばらしい部分のこと。「推敲」は、詩や文章をよくするために直すこと。**イ**「余地」は、余裕のこと。

11 「五十歩百歩」は、わずかな違いがあっても、本質的には同じだということ。戦場で五十歩逃げた人が百歩逃げた者を意気地なしと笑ったことに対して、どちらも臆病であることには変わらないと批評した中国の故事から生まれた言葉。似た意味の言葉は、**オ**「大同小異」。**ア**は、違いが大きすぎることのたとえ。**イ**は、月日の経過が早いことのたとえ。**ウ**は、栄えたり衰えたりすること。**エ**は、忠告の言葉は人の気持ちを害しがちで、素直には聞きにくいということ。

ミス注意！

4・**5** **体の一部**を用いた慣用句には、他にも次のようなものがある。使い方や意味に注意しよう。
・「顔」…顔が広い・顔に泥を塗る・顔から火が出る
・「口」…口をそろえる・口を割る・口が堅い
・「肩」…肩を並べる・肩を持つ・肩を落とす
・「足」…足が出る・足が棒になる・二の足を踏む

第10日 熟語・熟字訓 ①

▼40〜41ページ

1 (1)**エ** (2)**オ**
2 **真**
3 **ウ**
4 **図**
5 **イ**
6 **筆を執る**
7 **ウ**
8 (1)**みやげ** (2)**なごり** (3)**ふぶき** (4)**しぐれ**
9 (1)**抑揚** (2)**粉砕**
10 **順風満帆**

解説

1 「登場」は「場に登る」（**下の漢字が上の漢字の目的語・対象になっている**組み立て）である。**オ**は「手を握る」、**カ**は「公（おおやけ）↕私（わたくし）」、**キ**は「学校の庭」、**ク**は「平（たい）＝等（しい）」である。

2 このような複数の熟語に共通する漢字を考える問題では、「珠」や「剣」のような、熟語の数が比較的限られている漢字に着目して解答の候補を考えると答えやすい。

3 「攻守」は「攻（める）↕守（る）」（**上の漢字と下の漢字の意味が対になっている**組み立て）である。**ア**は「援＝助」、**イ**は「床から起きる」、**エ**は「即座に答える」である。

4 「縮図」とは、実際の姿や様子を小さくして表したもの。「社会の縮図」などと使われる。

5 「出来あい」とは、すでに作ってあること。**イ**「既成」がこれと似た意味の熟語である。**ア**「即席」は準備なしにすぐすること、**ウ**「粗雑」は大ざっぱでいい加減なこと、**エ**「適当」は程よい程度であること。

6 「執筆」は、**上の漢字が動詞で、下の漢字がその目的語または対象になっている**組み立てである。「執る」には、「手に持って使う」「物事を処理する」などの意味がある。ここでは、筆を持ってものを書くという意味で使われている。

7 それぞれの言葉の意味を調べよう。「吐露」とは、心に思っていることを隠さないで打ち明けること。よって、この場合の「露」は「あらわになる」という意味。**ア**「露営」とは、野外にテントを張って陣営を設けること。**イ**「露命」とは、つゆのようにはかない命のこと。**ウ**「暴露」とは、秘密をあばいて明るみに出し、あらわにすること。**エ**「甘露」とは、甘いつゆのこと。

8 (4)「時雨」とは、秋の終わりから冬の初めにかけて降る、ぱらぱらと降ったり、止んだりする雨のこと。春や夏に降る雨には使わない。梅雨の時期に降る「五月雨」とまちがえないように注意しよう。

9 (1)は「よくよう」、(2)は「ふんさい」と読む。

10 まず、「物事が予定通りに調子よく進むこと」という意味の四字熟語を考える。あとの[ ]内の漢字もヒントにすると、「ジュンプウマンパン」が推測でき、この熟語を正しい漢字で書き表すと「順風満帆」となる。「帆」を「ホ」と読まず「パン」と読むことに気をつけよう。

ミス注意！

1 目的語・対象は、「～を」「～に」などの言葉をつけられることが多い。「腹痛（腹が痛い）」や「熱湯（熱い湯）」のような、別の熟語の構成とまちがえることのないように注意しよう。

例 納税→税を納める　着席→席に着く

第10日 熟語・熟字訓 ②

▼42～43ページ

1 ウ
2 エ
3 イ
4 (1) いなか　(2) もめん　(3) むすこ　(4) つゆ
5 ウ
6 ウ
7 カ・ア
8 (1) 縦　(2) 道　(3) 取　(4) 鳥　(5) 客　(6) 単
9 A 未　B 不
10 エ
11 イ

解説

1 「多数」は「多い数」（**上の漢字が下の漢字を修飾している組み立て**）である。**ア**は「意＝思」、**イ**は「職に就く」、**ウ**は「温かい泉」、**エ**は「増（える）↔減（る）」である。

2 「極細」は「ゴクぼそ」と読み、音読み＋訓読み（重箱読み）。**エ**「額縁（ガクぶち）」が重箱読み。**ア**は「わかもの」で訓読み＋訓読み、**イ**は「ショモウ」で音読み＋音読み。**ウ**は「てチョウ」で訓読み＋音読みなので、湯桶《ゆとう》読み。

3 **ア**「終幕」は物事が終わること、**ウ**「時事」はそのときそのときの出来事、**エ**「挙句」は結果、終わりという意味。

5 「大器は晩成す」である。それぞれの構成を考えると、**ア**は「我が田に水を引く」、**イ**は「生活の水準」、**ウ**は「用意が周到だ」、**エ**は「需要↔供給」となる。

6 三字熟語の構成には次のようなものがある。①□＋□＋□…天地人・衣食住 ②□＋□□…全世界・大自然 ③□□＋□…専門家・文学書 ④**打ち消しの接頭語のついたもの**…無意識・非常識 ⑤**接尾語のついたもの**…社会性・芸術的

「最高峰」は③のパターンにあたる。

7 意味は異なるが、他に**イ・ク**（自給自足）、**ウ・オ**（自問自答）、**キ・エ**（自画自賛）の組み合わせでも四字熟語ができる。それぞれの意味は次のようになる。

自給自足…自分が必要なものを、自分で作って満たすこと。

自問自答…自分自身に問いかけ、自分で答えること。

自画自賛…自分で自分のことを褒めること。

8 文章や問題で触れた四字熟語は、辞書を引いて意味を必ず身につけておこう。

(1)「縦横無尽」とは、どの方面にも自由に思う存分できること。

(2)「言語道断」とは、言葉で言い表せないほどひどいこと。「ごんごどうだん」と読むことにも注意。

(3)「取捨選択」とは、いらないものを捨てて必要なものを選ぶこと。

(4)「一石二鳥」とは、一つのことをして二つの利益を得ること。

(5)「主客転倒」とは、物事の重要な部分と重要でない部分をとりちがえること。「しゅきゃくてんとう」とも「しゅかくてんとう」とも読む。

(6)「単刀直入」とは、前置きなしでいきなり本題に入ること。「短刀直入」と書かないように注意する。

10 「温厚篤実」は、情が厚く、真面目な様子。**ア**は「和洋折衷」（日本風と西洋風の様式を織り交ぜること）、**イ**は「質素倹約」（節約してつつましく暮らすこと）、**ウ**は「千載一遇」（滅多にない好機）などという四字熟語がある。

ミス注意！

3 意味をまちがえて覚えやすい言葉に注意しよう。

例「爆笑」→×大笑い ○大勢の人がいっせいに笑うこと

「姑息《こそく》」→×卑怯《ひきょう》・ずるい ○その場しのぎ

「おもむろに」→×突然・不意に ○ゆっくりと

「話のさわり」→×話の冒頭 ○話の要点

総仕上げテスト①

▼44～45ページ

1 (1)こうたく (2)ふ (3)はず (4)うけたまわ (5)こぶ

2 (1)**臓器** (2)**寒暖** (3)**磁針** (4)**暴** (5)**幸**

3 ウ
4 (1) イ　(2) ア
5 ア
6 イ・ウ
7 エ
8 (1) 蛇足　(2) 登竜門　(3) 大器晩成　(4) 助長
(5) 五里霧中
9 イ・オ
10 ウ

解説

1 (1)「光沢」は物の表面が光を受けて放つ輝き。
(2)「拭」には「ぬぐ-う」という訓読みもある。
(3)「弾」には「ひ-く」「たま」という訓読みもある。
(5)「鼓舞」は奮い立たせること。

2 (1)「臓器」「内臓」の「臓」を、「収蔵」などの「蔵」とまちがえないように注意。
(3)「自身」「自信」などの同音異義語に気をつける。
(4)「暴」の音読みは「ボウ」「バク」で、「暴力」「暴露」などの熟語に使われる。
(5)「幸」の訓読みはほかに「しあわ-せ」「さち」がある。字形の似た「辛」と書きまちがえないように注意する。

3 あることが実現するように、工夫したり努力したりするという意味の「図(る)」を書く。**ア**は「量」、**イ**は「測(量)」、**エ**は「計」と書く。「測る」は長さ・高さ・広さなどを調べるときや推測するときに、「量る」は量や重さを調べるときやおしはかるときに、「計る」は主に程度や時間を調べるときに用いる。

4 (1)「円柱」と書くので、**イ**「円滑」が正解。**ア**は「演奏」、**ウ**は「疎遠」、**エ**は「岩塩」。
(2)「登録」と書くので、**ア**「登頂」が正解。**イ**は「宝刀」、**ウ**は「冬眠」、**エ**は「党首」。

5 「感情↔理性」という反意語はセットで覚えておく。**ウ**「建設的」は現状を積極的に良くしようとすること。

6 **イ**「緑」のいとへん、**ウ**「花」のくさかんむりの筆順が異なっている。

7 **エ**の「棚に上げる」は自分にとって不都合なことを無視するという意味なので、「大切な思い出」に対しては使わない。

8 (1)「蛇足」は不要なもの。
(2)「登竜門」は出世のための関門。
(3)「大器晩成」は非常に優れた人物は、年を取ってから立派な人物になるということ。
(4)「助長」は成長を助けることを意味するが、余計な手助けをしてかえって害を与えてしまうという意味も持つ。
(5)「五里霧中」は様子がつかめず、方針が定まらないこと。

9 「利害」は反対の意味の漢字の組み合わせ。ほかは、**ア**「命を懸ける」、**ウ**「記＝録」、**エ**「動く＝揺れる」という関係。

10 「自明」の「自」は「おのずから・自然に」という意味。**ア・イ・エ**の「自」は「自分から・自分で」という意味。

ミス注意！

3 **同訓異字の書きまちがえに注意しよう。** その漢字の音読みの熟語を作るとわかりやすい。「図る」は「意図」、「測る」は「測定」、「量る」は「推量」、「計る」は「計算」などの熟語がある。

総仕上げテスト②

▼46〜47ページ

1 (1)おだ　(2)し　(3)かもく　(4)しょうさい　(5)垂　(6)借　(7)領域　(8)複雑

2 (1)ア　(2)イ

3 ウ

4 13

5 イ

6 イ

7 イ

8 ア・オ

9 エ

10 (1)鬼才　(2)散髪　(3)朝礼　(4)縁故　(5)公衆

解説

1 (1)「穏」の音読みは「オン」で、「穏当」などと用いる。
(3)「寡黙」は口数が少ないさま。
(5)「垂」の音読みは「スイ」で、「垂直」などと用いる。
(6)「借りる」と「貸す」の書き分けに注意しよう。

2 (1)は「満ち欠け」、(2)は「事項」と書く。

3 「臨戦態勢」と書く。「態勢」は状況に対してとる構え。「体制」は社会や組織の仕組み、「大成」は業績などを成し遂げること、「体勢」は姿勢や体の構え。

4 書かれた漢字は「微」である。「徴」とまちがえやすいので注意する。

6 **ア**「憤慨する」は腹を立てること。**ウ**「動揺する」は平静さを失い、気持ちが不安になること。**オ**「自嘲する」は自分のことをつまらないものと考えて軽蔑すること。

7 「装飾」は似た意味の漢字の組み合わせ。**イ**「到着」は、「到」「着」いずれも、ある場所にいたるという意味を表す、似た意味の組み合わせ。**ア**「疾走」は上の漢字が下の漢字を修飾していて、**ウ**「撮影」は下の漢字が上の漢字の目的語となっており、**エ**「抑揚」は反対の意味の組み合わせである。

8 「悪戦苦闘」は苦しみながら努力すること。**ア**「公明正大」は物事を公正に行うこと。**オ**「唯一無二」はこの世に一つしかないこと。**イ**「自画自賛」は自分で自分をほめることで、「自画」（自分が描いた絵）を「自賛」する（自分でほめる）という関係。**ウ**「起承転結」は文章の構成のことで、「起」「承」「転」「結」それぞれの漢字が独立している関係。**エ**「意気消沈」は元気をなくして落ち込むことで、「意気」が「消沈」するという関係である。

9 **ア**「竜頭蛇尾」は初めは勢いがあるが、終わりのほうは勢いがなくなること。**イ**「深謀遠慮」は深く考えを巡らして先のことまで計画すること。**ウ**「虚々実々」は互いに相手のすきを狙い、計略を巡らせること。

10 (1)は「疑心暗鬼」「才色兼備」、(2)は「雲散霧消」「危機一髪」、(3)は「一朝一夕」「通過儀礼」、(4)は「故事来歴」「親類縁者」、(5)は「衆人環視」「公平無私」が、それぞれ正しい漢字。

ミス注意！

1 (8)「複雑」の「複」は、漢字の意味も理解して、同音の似た漢字である「復」などとまちがえないようにする。

・複　「重なる」重複・複合
　　　「一つでない」複数・複製
　　　「込み入る」複雑

・復　「引き返す」往復
　　　「元に戻る」復活・復旧・回復
　　　「くり返す」復習・反復

メモ